# VUCA
ブーカ
# 時代のエネルギー戦略

門倉貴史
TAKASHI KADOKURA

エネルギーフォーラム

# はじめに――VUCA（ブーカ）とは何か？

## 現代は予測不可能の時代

現代は「ＶＵＣＡ」の時代といわれる。耳慣れない読者も多いかと思うが、ＶＵＣＡというのは、「Volatility（変動性）」、「Uncertainty（不確実性）」、「Complexity（複雑性）」、「Ambiguity（曖昧性）」という４つの英語の頭文字をつなぎ合わせた造語である。一言でいえば、変化が激しく、先行きが不透明で将来の予測が困難な状態を指す。

この言葉は、もとをたどれば米国陸軍が１９９０年代に軍事用語として使い始めたものだ。これまでの戦争においては、軍の参謀本部が作戦を立て、兵士はその作戦を忠実に実行するというピラミッド型の組織形態で十分に対応することができた。

ところが、１９９０年代以降台頭するようになった国際テロ組織アルカイダとの戦争では、１９９８年の米国大使館爆破事件や２００１年の米国多発テロ事件など、実態の見えないネットワークでつながった組織が、指揮命令系統がはっきりしないままに同時多発的にテロを行うというまったく新しい戦争のスタイルに変わってしまった。

そこで、このような状況を的確に表す言葉として生まれたＶＵＣＡが注目されるようになり、目まぐるしく変化するその時々の状況に合わせて臨機応変に戦闘していくことが求められるようになった。

２０２３年10月7日には、パレスチナ自治区ガザを実効支配するイスラム組織ハマスが突如としてイスラエルを攻撃してきたが、イスラエルの対外情報機関モサドや米国の中央情報局（ＣＩＡ）は、事前に大規模な攻撃計画を把握することはできなかった。「寝耳に水」だったわけで、これはまさに軍事面におけるＶＵＣＡの典型的な事例といえるだろう。

米国陸軍が生み出したこの造語は、２０１０年代に入ると、ビジネスの世界においてもさまざまなシーンで使われるようになり、２０１６年の世界経済フォーラム（ダボス会議）では、現代社会の特性を「ＶＵＣＡワールド」と表現した。

例えば、ＶＵＣＡの時代は、消費者のニーズの移り変わりが速く、導入期→成長期→成熟期→衰退期という製品ライフサイクルがどんどん短くなってきている。このため、新製品の開発では、これまで以上にスピード感が重視されるようになっており、従来どおりに用意周到な計画に基づいていたのでは、競合他社に後れを取ってしまう可能性が高い。自社で研究開発した製品やサービスを提供していく旧来型の「クローズドイノベーション」では、多様化する消費者のニーズに十分に対応できない。ＶＵＣＡ時代には、自社開発にこだわらずに外部企業の優

図0-1　主要国のEV普及率（2022年）

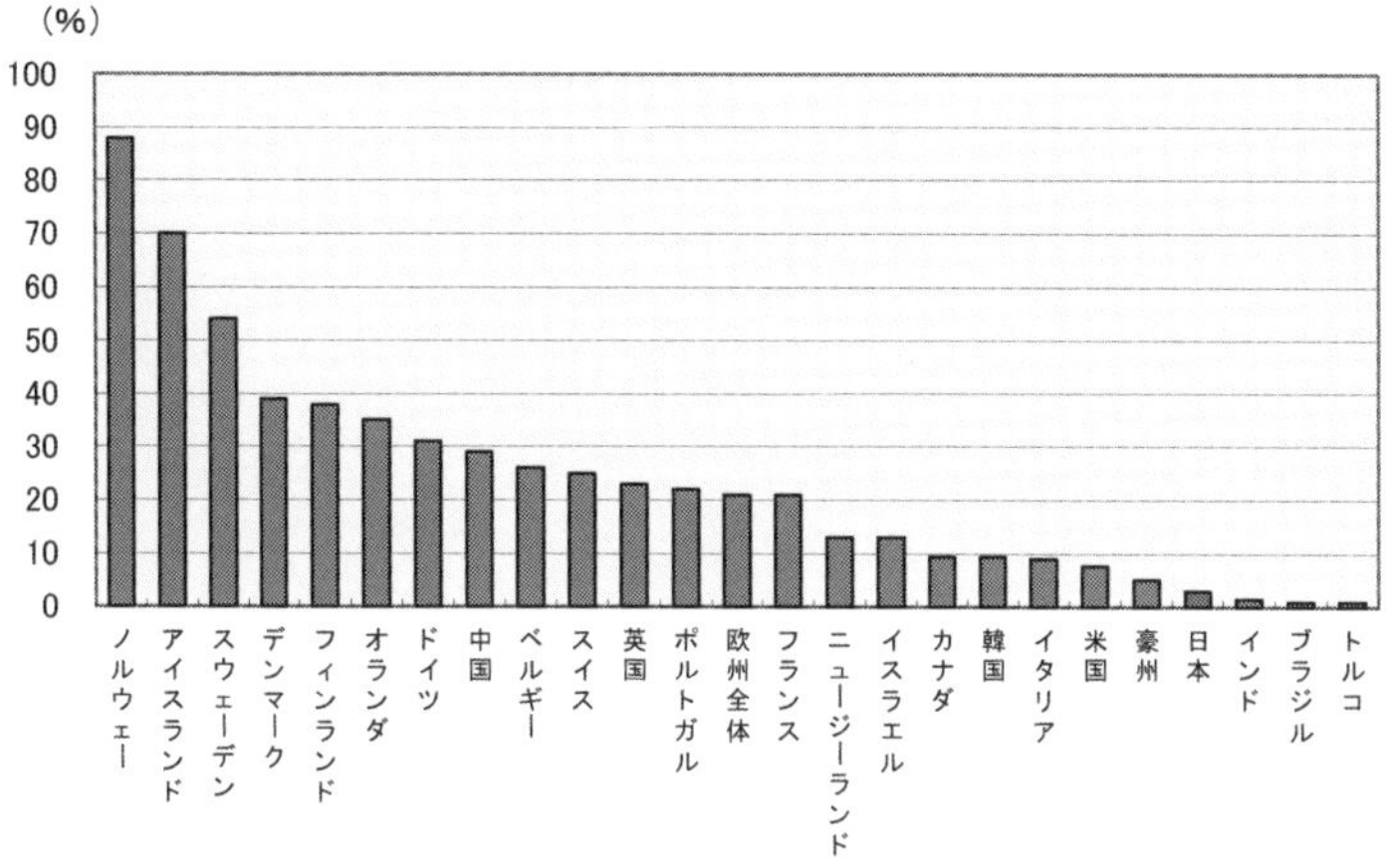


出所：IEA「Global EV Outlook 2023」を基に筆者作成
注：100%電動車（BEV）とガソリンと電気をエネルギー源とするプラグインハイブリッド車（PHEV）の合計

れた技術やアイデアをどんどん取り込んでいく「オープンイノベーション」の重要性が高まっている。

変化の速いＶＵＣＡ時代に柔軟に対応できなかった事例として、日本の自動車メーカーの電気自動車（ＥＶ）戦略を挙げることができる。

日本の自動車メーカーは、地球温暖化対策としてハイブリッド車（ＨＶ）の研究開発を進めて、この分野では非常に優れた技術を持ち、世界市場でのシェアも高かった。

しかし、欧州の自動車メーカーが、２０１５年のフォルクスワーゲン（ＶＷ）の排気ガス不正事件をきっかけに、環境対応車の軸足をディーゼルエンジン車からＥＶへと事業戦略をシフトさせたことで、ＥＶの普及が世界規模で一気に進むことになった。しかも欧州は、2035年以降はEVと燃料電池車（FCV）しか新車の登録を認めず、日本のメーカーが得意とするHVは登録対象に含めないというルールまでつくってしまった。

それでも、日本の自動車メーカーは、EVが本格的に普及してくるのはずっと先のことであると高をくくっていたため、欧州、米国、中国のメーカーに比べてEVの研究開発・製品投入が大幅に出遅れてしまった。

国際エネルギー機関（IEA）のデータによると、日本のEV普及率は、2022年の段階でわずか3％にとどまり、欧州（21％）や中国（29％）、米国（7・7％）に大きく水をあけられている（図0-1）。社会の変化のスピードを見誤ったために、世界でシェアを奪われる結果を招いたといえるだろう。

## VUCAの時代には不測の事態に備えてエネルギー自給率を高めることが重要

また、VUCAの時代には、これまで当たり前と考えていたことが、そうではなくなっていく。新型コロナウイルスの流行や地球温暖化に伴う気候変動・異常気象、「100年に1度」といわれるリーマン・ショック、ロシアのウクライナへの軍事侵攻、イスラエルとハマスの衝突など、予測困難な事象が次々と起こるようになると、それまでうまくいっていた方法論が通用しなくなってしまい、企業レベルでも個人レベルでもまったく新しい発想で状況に応じた戦略を立てていくことが必要になってくる。

例えば、これまでの企業は「生産設備」や「オフィス」、「従業員」を自ら保有することで、競争上の優位性を築いてきた。しかし、変化が激しく不確実性の高いＶＵＣＡの時代では、こうした有形無形の資産が逆に負債になりやすい状況となっている。

コロナ禍以降、本社ビルを売却する企業が増えるようになったが、それはコロナ禍をきっかけにテレワークやリモートワークが普及して、すべての従業員がわざわざ本社に通って働く必要性がなくなったためである。不動産という資産を持たないほうが、会社の経営を円滑に行なうことができるようになったわけだ。

このようにＶＵＣＡは、多くの企業や個人に従来型のビジネスモデルの見直しを迫るが、見方によっては新たなイノベーション（技術革新）が起こるチャンスととらえることもできる。例えば、乗客と運転手をマッチングさせる配車サービスを提供する「Ｕｂｅｒ（ウーバー）」。これは、従来のタクシー・ハイヤーのサービスとは異なり、ドライバーや車といった固定費が発生しないという点でリスクの少ない画期的なビジネスといえる。一方、宿泊業界では、宿泊客と民泊施設をマッチングさせる「Ａｉｒｂｎｂ（エアービーアンドビー）」という新サービスも登場している。

このようにVUCAの時代には、常識を覆すような革新的なサービスやビジネスモデルが生まれやすくなるだろう。

エネルギー政策についても、VUCAの時代には、エネルギー自給率を高めることがこれまで以上に重要になってくる。日本のエネルギー自給率は11・3％で、経済協力開発機構（OECD）加盟38カ国中37位と非常に低い水準になっている（2020年）。これは、日本が発電するための石炭・石油・天然ガスといった化石燃料のほとんどを海外からの輸入に頼っているためだ。

しかし、VUCAの時代は、国際情勢が急激に変化しやすいため、中東情勢が不安定になったり、ロシアがウクライナに軍事侵攻するなどの地政学的なリスクが発生したときに、必要なエネルギーを確保することが困難になってしまう。

これまでのように石炭・石油・天然ガスといった化石燃料に頼ったエネルギー戦略では、激動する世界情勢に振り回されて、エネルギーの安定供給に支障をきたす恐れがあるということだ。現在、地球温暖化対策という観点から世界規模でエネルギーの脱炭素化が進んでいるが、日本の場合には、エネルギーの安定供給という観点からも、脱炭素化が不可欠となっている。

また、化石燃料の価格は大きく変動するため、家庭の電気料金やガス料金を不安定化させてしまう。さらに、為替レートが急激に変動して円安に振れた場合、化石燃料の輸入金額が大きく膨らんで、私たちの電気料金のそのコストが転嫁されて、電気料金やガス料金が値上がりするといった問題にも直面するだろう。

ＶＵＣＡの時代を踏まえれば、化石燃料に頼らないエネルギー戦略の構築や、化石燃料の調達先の分散・多様化など、大きく変化する国際情勢をにらんだエネルギー戦略の策定が必要だ。

［目次］　ＶＵＣＡ時代のエネルギー戦略

## 第1章 コロナ禍とエネルギー価格　17

## 第2章 ロシアの軍事進攻とエネルギー価格　47

## 第5章 エネルギー政策にも分散投資の考え方を 151



## 第6章 日本のグリーントランスフォーメーション（GX）戦略 173

# 第1章

# コロナ禍とエネルギー価格

## コロナショックで世界経済が未曾有の危機に直面

第1章では、ＶＵＣＡの事例のひとつでもある新型コロナウイルス感染症の世界的な広がりがエネルギーの国際価格や各国のエネルギー産業に与えた影響を考察する。

新型コロナウイルス感染症の広がりは、ＶＵＣＡの中で予期せぬ出来事が発生する「Uncertainty（不確実性）」に属する事象だ。

米国の経済学者フランク・Ｈ・ナイトは、その著書『危険・不確実性および利潤』において「リスク」と「真の不確実性」を明確に区別した。ナイトによれば、「リスク」というのは、自動車事故のように確率計算によって予測ができる事象を指す（表1-1）。一方、「真の不確実性」というのは、確率計算による予測が一切できない事象を指す。また、一度限りのものであるから、経験則も成り立たない。新型コロナウイルス感染症の世界的な広がりは、２００８年のリーマン・ショックや、２０２０年の英国の欧州連合（ＥＵ）離脱と同様、ナイトの指摘する「真の不確実性」の典型といえる事象だ。

２０１９年12月8日、この日は中国の湖北省武漢市で最初に新型コロナウイルス感染症（ＣＯＶＩＤ-19）患者が報告された日だ。以降、武漢市では急速に感染が拡大し、中国当局は２０２０年1月23日から同年4月8日まで、およそ2カ月半にわたってロックダウン（都市封

表1-1　H・ナイトによるリスクと不確実性の区別

| 確率分布 | 測定の可否 | リスク・不確実性の区別 |
| --- | --- | --- |
| 数学的確率 | 測定可能 | リスク |
| 統計的確率 | 測定可能 | リスク |
| 推定 | 測定不可能 | 真の不確実性 |

出所：筆者作成
数学的確率は「サイコロの目が出る確率」など
統計的確率は「過去のデータに基づいて算出される確率」
推定は「確率数値を与えることができないもの」

鎖）を行った（表1-2）。

春節期間中には、武漢市の住民を含めて多数の中国人観光客が海外旅行をしていたため、このウイルスは瞬く間に世界各地へと広がるようになり、2020年3月11日には、世界保健機関（WHO）がパンデミック（世界的大流行）を宣言した。

新型コロナウイルスは、多数の感染者や死者を出すなど公衆衛生上の脅威となったばかりでなく、世界経済にも大打撃を与えた。

新型コロナウイルスの流行を食い止めるために、各国政府は渡航制限をかけることになり、世界中のインバウンド消費が大きく落ち込んだ。日本では、2020年3月9日に感染が広がっていた中国・韓国からの新規入国を実質的に停止し、初めての水際対策が実施された。

また、ロックダウンや緊急事態宣言の発令によって、国内での人の移動も制限されるようになり、個人消費が大きく落

表１－２　新型コロナウイルス感染症の広がりの経緯（2019～2020年）

| 年 | 日付 | 事象 |
|---|---|---|
| 2019年 | 12月8日 | 中国の湖北省武漢市で最初の症例を確認 |
| | 12月31日 | 中国がWHOへ最初の報告 |
| 2020年 | 1月16日 | 日本国内で初の感染者確認 |
| | 1月23日 | 武漢市で都市封鎖 |
| | 3月11日 | WHOがパンデミックを宣言 |
| | 3月24日 | 国際オリンピック委員会が東京五輪の1年延期を決定 |
| | 4月7日 | 日本政府が7都府県に緊急事態宣言 |
| | 4月8日 | 武漢市で都市封鎖解除 |
| | 4月16日 | 日本政府が全都道府県に緊急事態宣言 |
| | 5月25日 | 日本政府が緊急事態宣言を全国解除 |
| | 7月7日 | WHOが新型コロナについて空気感染の可能性を認める |
| | 10月～ | 欧州で感染第2波、米国で感染第3波が広がる |
| | 11月～ | 日本で第3波の感染が広がる |
| | 11月9日 | 米国製薬大手のファイザーがワクチンの治験で予防の有効性が90%を超えたと発表 |
| | 11月24日 | 大阪府大阪市と北海道札幌市をGo Toトラベルから除外 |
| | 12月25日 | コロナ変異種の感染者を日本国内で初確認 |
| | 12月28日 | Go To トラベルを全国一斉停止 |

出所：筆者作成

ち込むことにもなった。日本では、2020年4月7日に初の緊急事態宣言が発令され、外食や旅行、娯楽などの需要が急減した。

さらに、企業の生産活動にも支障が出てくるようになった。コロナ禍になるまで、日本を含めた主要国の製造業は原材料の調達・生産・輸送・販売といったグローバルサプライチェーン（供給網）を高度化してきた。しかし、コロナ禍により世界各地でロックダウンが起こり、工場の生産活動が停止、モノの輸送・輸出入もストップしてしまったことから、グローバルサプライチェーンが機能不全に陥り、原材料や加工部品の調達が難しくなったことで生産活動ができなくなる事態に直面したのだ。

このような需要の急激な落ち込みや生産活動の停滞によって、各国経済は、未曾有の危機に直面した。

日本では、生産活動の停滞・縮小により、業績の大幅な悪化に直面したり、資金繰りに行き詰って倒産する企業が相次ぐようになった。

東京商工リサーチは、上場企業の約1割に相当する359社が2020年4月29日時点で、新型コロナウイルスの感染拡大を理由に業績予想を下方修正したと発表した。引き下げ額の合計は売上高が3兆1416億円、純利益は2兆3646億円に上った。また、同社によると、新型コロナウイルスの影響で倒産した企業数は、同月末までに109件に達した。

企業業績の悪化に伴い、雇用環境も急激に悪化するようになった。厚生労働省の調査によると、２０２０年１月末から同年３月30日までの２カ月間で、感染拡大に伴う経営悪化を理由に解雇されたり雇い止めにあったりした人は、見込みを含めて全国で１０２１人に上った。同年４月７日の緊急事態宣言の発令後は、国内自動車メーカー各社が従業員の一時帰休を打ち出すなど雇用情勢がさらに深刻化した。

## 日本の自動車メーカーの世界戦略にもマイナスの影響

２０２１年になると、東南アジア諸国連合（ＡＳＥＡＮ）に加盟している国々で新型コロナウイルス感染症が猛威を振るうようになった。

ＡＳＥＡＮは、ワクチン接種が遅れていたため、ロックダウンをはじめとする厳格な行動制限によって感染を封じ込めなければならず、それに伴って巨額の経済損失が発生した。

インドネシアでは、２０２１年６月初めからインド由来で感染力の強いデルタ変異株が急拡大するようになった。インドネシアは、世界最大のイスラム教徒を抱えているため、ラマダン（断食月）明けの帰省が感染拡大の要因になったといわれる。１日あたりの感染者数は一時５万人を超え、医療体制は危機的な状況に陥った。

マレーシアでもデルタ株による感染が拡大した。感染の封じ込めが急務となるなか、マレーシア政府は、2021年6月1日から同月14日までの2週間、スーパーマーケットや病院など生活に不可欠な業種を除いて経済・社会活動を停止するロックダウンを全土で実施することを決定した。当初、政府は、行動制限で経済が大きなダメージを受けることを懸念してロックダウン実施には消極的だったが、感染の拡大スピードが加速していることを受けて、わずか数日間での方向転換となった。しかし、ロックダウンをしても感染拡大に歯止めはかからず、政府はロックダウンの期間を2週間延長、さらに現在は期限を設けずに2度目の延長を行った。

ベトナムでは、2021年4月下旬から北部の工業団地でクラスター（感染集団）が発生するなどして感染者数が激増するようになった。同年7月23日には1日あたりの新規感染者数が7000人を超えて過去最多を更新したため、首都ハノイでは同月24日から食品の買い物などを除いて自宅にとどまることを要請するなど行動規制の強化に乗り出した。

タイでは、2021年4月ころから英国由来のアルファ変異株による感染が徐々に拡大し始め、デルタ株の流入によって感染拡大に歯止めがかからなくなった。同年7月29日には、1日あたりの感染者数が1万7000人を超えて過去最多を更新した。感染封じ込めのために首都バンコクなどで事実上のロックダウンが実施された。

ミャンマーにおいても1日あたりの死亡者数は連日過去最多を更新するなど感染の広がりが

みられた。ミャンマーでは、2021年2月1日の軍事クーデター以降、コロナ対策が実施されておらず、医療システムも崩壊状態にあったため、状況の悪化は深刻なものとなった。

このようなASEANにおける感染の拡大は、現地に進出する日系企業の業績にも無視できない影響を及ぼした。

特に深刻な影響を受けたのが自動車メーカーだ。これまで日本の自動車メーカー各社は、ASEAN域内でサプライチェーンを構築し、部品や完成品の行き来を活発化させてきた。ASEANで製造した完成車を域内各国で販売するだけでなく、域外に世界戦略車を輸出するようにもなっていたため、ASEANでの生産停止が国際的なサプライチェーンの機能停止に直結しやすい。

例えば、ロックダウンが続いたマレーシアでは、トヨタ自動車が2021年6月にマレーシアでの自動車生産と販売を一時的に停止した。ホンダも二輪・四輪の生産と販売を同月に停止しており、生産への影響が長期化した。インドネシアの場合、現地自動車メーカーの工場は稼働を続けたが、医療がひっ迫するなかで、駐在員を帰国させる動きが出るようになった。

ASEANでの感染拡大は、自動車にとどまらず半導体や一般機械など日本の製造業全体の業績にも悪影響を及ぼした。

## 2020年は世界大恐慌以来のマイナス成長

新型コロナウイルスの感染症の広がりは、世界経済にどの程度のダメージを与えたのだろうか。コロナ禍以降の各国の経済成長率を確認しておこう。

コロナ禍が始まった2020年は、先進国・新興国ともに軒並み大幅なマイナス成長を記録した（表1-3）。日本の経済成長率も2020年はマイナス4・3％とリーマン・ショック以来（2009年にマイナス5・7％）の大幅な落ち込みになった。

世界全体でも3・2％のマイナス成長となったが、世界経済が3％を超えるマイナス成長に陥るのは、さかのぼっていくと1929年の世界大恐慌以来のことであり、今回のコロナショックが世界経済に深刻なダメージを与えたことの証左になっている。

続く2021年、2022年については、先進国を中心にワクチンが普及するようになったものの、世界経済の回復は鈍いものにとどまった。当初、多くのエコノミストや経済学者は、有効かつ安全なワクチンが開発され、それが普及することによって、世界経済は立ちどころにV字型の景気回復を遂げるであろうといった楽観的な見方をしていた。

しかし、実際に蓋を開けてみると、ワクチン接種の普及スピードが当初想定されていたよりもかなり遅れ気味になってしまったことで、2021年、2022年に世界経済のV字型の回復は実現しなかった。また、コロナ禍になってからは、マスクの着用が常態化したり、巣ごもり消費が定着したり、企業の間ではテレワークやリモートワークが普及するなど、人々の行動様式が変容した。いわゆる「ニューノーマル」といわれる生活様式が浸透したことも経済の正

表1－3　国際通貨基金（IMF）の世界経済見通し（2023年10月時点）

| | 2019年 | 2020年 | 2021年 | 2022年 | 2023年 | 2024年 |
|---|---|---|---|---|---|---|
| 米国 | 2.2 | −2.8 | 5.9 | 2.1 | 2.1 | 1.5 |
| 英国 | 1.5 | −11.0 | 7.6 | 4.1 | 0.5 | 0.6 |
| フランス | 1.5 | −7.9 | 6.4 | 2.5 | 1.0 | 1.3 |
| ドイツ | 0.6 | −3.7 | 3.2 | 1.8 | −0.5 | 0.9 |
| イタリア | 0.3 | −9.0 | 7.0 | 3.7 | 0.7 | 0.7 |
| カナダ | 1.7 | −5.1 | 5.0 | 3.4 | 1.3 | 1.6 |
| 日本 | 0.7 | −4.3 | 2.2 | 1.0 | 2.0 | 1.0 |
| ブラジル | 1.1 | −3.3 | 5.0 | 2.9 | 3.1 | 1.5 |
| ロシア | 1.3 | −2.7 | 5.6 | −2.1 | 2.2 | 1.1 |
| インド | 4.2 | −5.8 | 9.1 | 7.2 | 6.3 | 6.3 |
| 中国 | 6.1 | 2.2 | 8.5 | 3.0 | 5.0 | 4.2 |
| 世界平均 | 2.5 | −3.2 | 6.1 | 3.0 | 2.5 | 2.4 |

出所：IMF資料を基に筆者作成
（注1）2022年までは実績値。2023年、2024年は見込み・予測　（注2）予測は2023年10月時点

常化に水を差すことになった。一度大きく変化した生活様式がまた元の状態に戻るまでには相当長い年月がかかることが明らかになり、飲食・宿泊・サービス業など接触型の産業の需要の戻りが限定的となったからだ。

このような事情から、実際の2021年、2022年の世界経済はV字型ではなく、もっと緩やかなU字型の回復にとどまったのである。

なお、アジア開発銀行（ADB）は、新型コロナウイルスの世界的な感染拡大による世界全体の経済損失額を最大8兆8000億ドル、また、新型コロナウイルスの感染拡大を要因とした失業者が世界全体で最大2億4210万人発生すると試算している（2020年5月15日）。

## コロナショックで原油価格が史上初のマイナスに

コロナショックによる経済活動全般の停滞は、当然のことながらエネルギー需要の減退へとつながり、エネルギー価格が急落する原因にもなった。

実際、原油の国際価格の推移をみると、コロナ禍になってから急激に低下していることがわかる（図1-1）。

そもそも原油の国際価格はどのように決まるのだろうか。一般的にモノの値段は需要と供給

**図１−１　原油の先物価格（WTI）の推移（月次データ）**

出所：米国ニューヨーク・マーカンタイル取引所資料を基に筆者作成

のバランスによって決まる。需要のほうが供給よりも大きければ、モノの値段は上がっていくし、需要のほうが少なければ、モノの値段は下がっていくという仕組みだ。原油価格も他の商品と同様、需要と供給のバランスによって決まる。

　コロナ禍になってからは、原油の需要が供給を大きく下回ることになったので、原油価格が急落したのだ。

　2020年4月20日には、米国のニューヨーク・マーカンタイル取引所において、米国産ウエスト・テキサス・インターミディエート（WTI）の原油先物価格（2020年5月物）が1バレル＝マイナス37・63ドルと、マイナス価格で取引を終えるという異例の事態となった。マイナス価格は、原油の売り手が買い手にお金を払って引き取ってもらうことを意味する。

このような常識では考えられない不思議な現象が起きたのは、売り手が原油を手元においておくだけで莫大な損失が発生する事態に直面したためだ。WTIの場合、原油の貯蔵と受け渡しは、オクラホマ州のクッシング（Cushing）で行われる。クッシングは、石油輸入施設や石油精製施設が集積するメキシコ湾岸地域と主要な石油消費地域である米国中西部や北西部などをつなぐパイプラインの大動脈で、北米の石油産業の一大中心地（原油貯蔵地）となっている。

クッシングでは、コロナショックによる需要の減退により、原油の在庫が急激に積み上がるようになった。原油やガソリン、ジェット燃料など、あらゆる石油製品について保管場所の確保が困難になり、貯蔵タンクやパイプラインが貯蔵の限界に近づき、その結果、海上のタンカーを含めて原油を保管する料金が跳ね上がったのだ。

マイナス価格で原油を引き取ってもらうことで生じる損失のほうが、原油をそのまま保有することで生じる損失よりもずっと少なくて済むため、売り手は、次々に原油を手放すようになり、原油の先物価格がマイナスまで落ち込んでしまったと考えられる。

## ロシアとサウジアラビアの価格競争が原油価格の下落に拍車をかけることに

　需要が供給を下回ることで原油価格が下落するのであれば、産油国が減産を実施して供給を絞り込めば、需給バランスが改善して原油価格は上昇することになる。

　ただ、この時期は、産油国のサウジアラビアとロシアが激しい価格競争を繰り広げていたため、原油供給は過剰なままに据え置かれていた。石油輸出国機構（ＯＰＥＣ）加盟国やロシアなど非加盟国の産油国が減産を実行するようになったのは、ようやく２０２０年５月になってからだ。

　２０２０年３月６日に開催されたＯＰＥＣプラスの会合が決裂した。今回の会合では、ＯＰＥＣを主導するサウジアラビアが、新型コロナウイルスの影響で世界の原油需要が大きく落ち込んでいるため、原油の需給バランスと価格を安定化するために、産油国の減産幅を拡大することを提案した。

　しかし、ロシアがこの提案に難色を示し、２０２０年６月末までは、現行の減産幅を維持するべきと主張（さらなる減産に反対）。結局、会合は物別れに終わった。

　すると、今度は、サウジアラビアが政策を１８０度転換し、それまで日量９７０万バレルだった同国の原油生産量を、２０２０年４月からは日量１０００万バレルを超える生産量にすることを表明、原油の増産によって原油の国際価格の下落を容認する姿勢を明確にした。増産すれば、原油価格が下落してもサウジアラビアの輸出金額は膨らむ。

では、なぜロシアは協調減産を拒否したのか。おそらく、米国のシェール企業を叩く狙いがあったと考えられる。

ロシアは、あえて原油の国際価格をシェールガスの生産コストあたりの水準まで引き下げるという「損して得取れ」戦略を選んだのだ。

原油価格の下落は、短期的には産油国の貿易黒字や財政黒字の縮小を招く恐れがあるものの、少し長い目でみれば、主要国のエネルギー需要がシェールガスから原油に回帰することを通じて、原油価格の持ち直しと貿易黒字の拡大という効果が期待できる。

その一方、原油価格の下落が続けば、シェールガスの原油に対する割安感が徐々に薄れ、生産コストの高いシェールガス事業が採算割れになる恐れが出てくる。実際、米国では、エンジニアリング会社がシェールガスのプラント建設の見直しを迫られるなど、シェールガス関連産業の投資が減速していくことになった。

## ワクチンの開発・普及状況と連動する原油価格

その後、各国で新型コロナウイルス感染症ワクチンの接種が普及してくると、先進国を中心に経済活動が正常化に向かい、原油の世界需要も回復するようになった。ただ、原油価格は、原油の世界需要が回復するよりもずっと早いタイミングで上昇している。これは、なぜだろうか。

先ほど述べたとおり、原油価格は、基本的には需要と供給のバランスで決まる。ただ、実際の原油の取引市場では、原油の買い手と売り手だけが取引しているわけではない。実は、原油の市場には多くの投資マネーが流入しており、経済に関するさまざまな統計やニュースに反応して取引を繰り返している。株式市場と同様、思惑や期待が原油価格に織り込まれているのだ。

ワクチンの開発・接種の状況に原油価格が敏感に反応するのは、こうした思惑や期待で動く投資マネーが流出入しているためだ。特に米国のＷＴＩは、投資マネーの動きの影響が大きいといわれている。

実際、過去のデータをみると、原油価格は、新型コロナウイルス感染症ワクチンの開発・接種状況に敏感に反応していることがわかる。

ワクチンの開発・接種状況を振り返ると、米国の製薬大手ファイザーは、ドイツのバイオ企業ビオンテックと共同で新型コロナウイルス感染症ワクチンを開発、２０２０年11月９日には、ワクチンの臨床試験（治験）で、感染を防ぐ有効率が90％を超えたと発表した。すると、「安全で有効なワクチンが広く行き渡れば、各国政府の財政・金融面からの支援策の効果とあいまって景気回復が加速する」という期待が市場参加者の間で強まり、原油の先物市場に投資マネーが流入、原油価格が上昇するようになった。

また、２０２０年12月から米国や英国でワクチンの接種が始まると、「先行きワクチンの普及が加速して景気の回復スピードが速まる」という期待が強まり、再び投資マネーが流入、原油価格は一段高となった。

さらに、２０２１年８月23日に、米国の食品医薬品局（ＦＤＡ）がファイザーとビオンテックが共同開発したワクチンを正式に承認したというニュースが伝わると、原油の先物市場はこのニュースに敏感に反応し、原油価格はさらに上昇するようになった。コロナのワクチン接種が加速して、行動制限が緩和されるなどして燃料需要の増加につながるとの期待が強まったためだ。

原油価格は、ワクチンに関するプラスの情報だけでなくマイナスの情報にも敏感に反応する。２０２１年６月４日には、ワクチンの普及状況が世界各国でまちまちであることがわかり、世界需要の回復への楽観的な見方が修正され、投資マネーが流出し、原油価格は下落に転じた。

このようにワクチンの普及・効果に関するプラスの情報、マイナスの情報に敏感に反応しながらも、原油価格は上昇基調で推移していった。

また、コロナショックに対応して各国の中央銀行が未曾有の金融緩和を実施するようになったため、世界的にお金があふれた状態になり（過剰流動性の発生）、原油価格の先行きの値上がりを見越した投機マネーが商品先物市場に流入したことも原油価格の上昇に拍車をかけた。

さらに、ＯＰＥＣ加盟国やロシアなど非加盟の産油国が減産を続けるスタンスをとったことで、原油の需給バランスが改善したことも、原油価格の上昇に影響したとみられる。

## 上海市のロックダウンの影響で乱高下した原油価格

最近では、原油の国際相場が中国経済の動向に影響を受ける度合いが高まっている。なぜかといえば、中国は世界最大の原油の輸入国となっており、世界の原油輸入の２割を占めているためだ。

したがって、中国で新型コロナの感染が広がってロックダウンが実施されると、中国経済の停滞→原油需要の落ち込み→原油の国際価格の下落という流れにつながりやすい。

２０２１年11月には、新型コロナウイルスの変異株の一種であるオミクロン株が発見されたが、このオミクロン株の感染者が2022年3月から中国の上海市で相次いで見つかるようになった。

オミクロン株は、これまでの変異株に比べて伝搬性と再感染リスクが高く、ワクチンの効果が弱いという特徴があったため、上海市では瞬く間に市中感染が広がるようになった。

「ゼロコロナ政策（新型コロナウイルスに対してロックダウンや市民全員のPCR検査など徹底した封じ込めを行うこと）」を掲げていた中国の政策当局は、2022年3月28日から上海市でロックダウンを開始した。ロックダウンが始まると、原油価格は大きく反応し、封鎖が始まった同日にはWTIが7％前後も急落し、その後も原油価格の低迷が続いた。

原油相場が急落したのは、中国最大の経済都市である上海市がロックダウンになれば、サプライチェーンの機能停止などを通じて、中国の原油需要にも無視できない影響が及んでくると考えられたからだ。

2022年6月1日午前0時、中国の上海市で、新型コロナウイルスを封じ込めるために2カ月余り続いていたロックダウンが解除された。

これにより市民の9割に相当する2250万人が自由に外出したり、地下鉄やバスなどの公共交通機関を利用したり、自動車を運転することが可能となった。

上海市は、ロックダウンで大きなダメージを受けた経済を立て直すために、一部の乗用車について車両購入税を引き下げたり、ＥＶの購入者に補助金を支給するなど50項目に及ぶ措置を打ち出して、経済の正常化を急いだ。

上海市のロックダウンが解除されると、原油の国際価格は敏感に反応した。解除された２０２２年５月末以降、ＷＴＩは上昇傾向となり、その後の１週間で約６％上昇している。

中国では、２０２２年11月にもオミクロン株の感染が急拡大するようになり、ロックダウンをする都市が相次いだが、この時期についても原油の国際価格が低迷を続け、ロックダウンが解除されると、原油価格は上昇傾向に転じている。

## コロナショックでLNGプラント建設が抑制される!?

先行きに関して不確実性が高まるＶＵＣＡの時代には、投資プロジェクトの実行に巨額のコストがかかり、投資資金を回収するまでに長い時間がかかるようなビジネスは非常にリスクが高いものとなってしまう。

液化天然ガス（ＬＮＧ）のプロジェクトは、まさにそのようなビジネスの典型といえるだろう。

新型コロナの感染拡大による経済活動の停滞は、ＬＮＧの供給体制にも大きな影響を与えた。

ＬＮＧプラントの建設には巨額の資金を必要とする。コロナの影響でＬＮＧ需要が急減したことで、オイルメジャー（国際石油資本）がプラント建設をしても投資コストに見合う収益を長期にわたって上げることができるかどうかの判断が難しくなってしまったのだ。

例えば、米国のエクソンモービルは、２０２０年４月、「経験したことのない事態に直面している」として、２０２０年前半に予定していたアフリカ・モザンビークでのＬＮＧプロジェクトの最終投資判断（ＦＩＤ）を延期することを決めた。

このＬＮＧプロジェクトでは、イタリア炭化水素公社（Ｅｎｉ）、中国石油天然気集団（ＣＮＰＣ）などとモザンビーク北部に年産７６０万トンのＬＮＧプラント２系列を建設する予定だった。

また、豪州の資源開発大手サントスは、同国北部で計画していた天然ガス田開発のＦＩＤを延期することを決めた。

さらに、英国のシェルは、米国のルイジアナ州で計画していたレイクチャールズＬＮＧプロジェクトから撤退することを決め、そのほか複数のＬＮＧ投資プロジェクトのＦＩＤを延期した。

このようにオイルメジャーの多くがコロナショック後にＬＮＧプロジェクトへの投資を抑制するようになっている。

投資の抑制・削減だけでなく、業績の悪化により従業員の給与の削減に乗り出すオイルメジャーも出てくるようになった。

例えば、米国のオキシデンタル・ペトロリアムは、２０２０年3月、投資削減に加えて、コスト削減のために従業員の給与を大幅にカットすると発表した。給与カットの割合は、最高経営責任者が81％、経営陣の平均が68％、従業員が最大30％となる。

すでに投資が決定してプロジェクトが進行していた案件についても、新型コロナウイルス感染症の広がりで、従業員の安全・健康に十分に配慮しながら遂行していかなくてはならなくなり、エネルギー業界では、将来のＬＮＧの供給能力がどの程度の規模になるのかを、正確に予測することが極めて困難になった。

## コロナショックで米国シェール企業の破たんが相次ぐ事態に

コロナ禍で世界の原油需要が減少し、短期間のうちに原油価格が急落するようになると、生産コストの高い米国のシェールオイルは瞬く間に競争力を失っていった。

当時、シェールオイルの生産は1バレル＝50ドルが採算ラインとされていたので、コロナ禍で原油価格が1バレル＝20ドル台まで落ち込めば、事業が成り立たなくなってしまう。

シェール企業の多くは社債発行で事業資金を調達しているが、シェール企業の発行する社債は事業リスクが高いとみなされているため、ほとんどが「低格付け債」だ。コロナ禍になってからは、さらに社債が格下げされるようになった。社債が格下げされると、シェール企業の借り入れコストが上がって投資余力が減殺されてしまう。コロナ禍でシェール企業の新規開発の7割がストップすることになった。

事業環境の悪化が続くなかで、シェール企業の破たんが相次ぐようにもなった。２０２０年4月1日には、米国の中堅シェール企業ホワイティング・ペトロリアムがテキサス州南部地区の破産裁判所に「連邦破産法11条」を申請し、ニューヨーク証券取引所の株式の取引を一時停止すると発表した。

また、２０２０年6月28日には、米国のシェール企業大手チェサピーク・エナジーが、テキサス州南部地区の破産裁判所に連邦破産法11条に基づく保護の申し立てを行った。

さらに、２０２０年10月1日には、米国のシェール企業ローンスター・リソーシズもテキサス州南部地区の破産裁判所に連邦破産法11条を申請した。ローンスター・リソーシズの負債額は5億~10億ドルに上った。

ホワイティング・ペトロリアム、チェサピーク・エナジー、ローンスター・リソーシズを含めて、２０２０年の1年間だけで北米で約50社のシェール企業が破たんした。

その後、原油価格が上昇に転じたあとも、コロナショックで受けたダメージがあまりに大きかったため、シェール企業は新規投資に踏み出すことができなくなっている。

シェールオイルは、従来型の化石燃料の油田とは異なり、何カ所もリグ（掘削装置）を設置して生産をしなければならず、これには巨額の資金を必要とするためだ。

インフレが加速する米国では、建設資材の調達など投資コストが大幅に上がっており、現在、シェール企業が設備投資をして大幅増産するのに採算が見合う原油価格は、1バレル＝80ドルを大きく上回るといわれる。

## 太陽光や風力発電市場にも影響

新型コロナウイルス感染症の広がりは、再生可能エネルギーの市場も無視できない影響を与えた。

特に影響が大きかったのが、太陽光発電の市場だ。中国は、太陽光パネルの世界市場で7割のシェアを握っており、パワーコンディショナ（ＰＣＳ）や架台などの大半も中国で生産されている。このため、なんらかの外的ショックによって中国サプライヤに混乱が生じると、それが世界のサプライチェーンにまで影響を及ぼすことになる。

中国政府は、湖北省武漢市で感染が広がっていた２０２０年１月、空港や鉄道駅、道路を封鎖し、春節を同年２月２日まで延長する措置をとった。同日以降も、企業の営業活動の自粛が要請された。中国の物流は麻痺することとなり、太陽光発電企業もコロナの感染拡大を防ぐ目的で工場内の人数を最小限に抑えるようになったため、工場の稼働率が６割ぐらいの水準まで落ち込んでしまった。

設備の納期に遅れが生じたり、納品時期が読めない状況になったことで、中国国内のほか、中国に製造委託をしていたインドや日本の架台メーカーや設計・調達・建設（ＥＰＣ）会社もマイナスの影響を受けた。

太陽光発電だけではない。風力発電の市場にもコロナショックの影響は及んだ。当初、コロナの影響で中国やスペインの風車工場が閉鎖された。その後、２０２０年３月中旬になると、世界各国に新型コロナウイルス感染症が広がったことからデンマークやイタリア、インド、トルコ、米国、メキシコでも風車工場が相次いで閉鎖されるようになった。

デンマークの風力発電会社ヴェスタス（ＶＥＳＴＡＳ）では、２０２０年４月下旬に新型コロナ流行による経営悪化を理由に４００人規模のレイオフ（解雇）を実施した。また、中長期の研究開発プロジェクトを停止、風車の生産も停止すると発表した。

こうしたサプライチェーンの混乱はいまだに続いており、各国は、風力発電の導入を急いではいるものの、供給制約に直面している。

英国の調査会社ウッドマッケンジーによると、世界の洋上風力発電の新設は、2022年、2023年と2年連続でマイナスになることが見込まれている。

## 新型コロナウイルスはバイオマス発電にも影響

新型コロナウイルスの流行は、再生可能エネルギーのひとつであるバイオマスエネルギーの供給にも無視できない影響を及ぼした。

日本では、2011年の東日本大震災後に再生可能エネルギーの開発ラッシュとなった。バイオマス発電は、他の再生可能エネルギーに比べると発電コストは高いが、太陽光や風力発電に比べて天候などの影響を受けにくく、大規模用地も必要としないというメリットがあるため、全国各地で導入の拡大が続いていた。経済産業省資源エネルギー庁の『エネルギー需給実績』によると、バイオマス発電の年間発電電力量は2011年度から2021年度にかけて2・1倍に増加している（図1-2）。

しかし、コロナ禍以降は、全国でバイオマス発電所の稼働停止が相次ぐようになった。一口にバイオマス発電といっても使用する燃料はさまざまだが、コロナ禍で特に深刻な影響を受け

図１-２　バイオマス発電の発電電力量

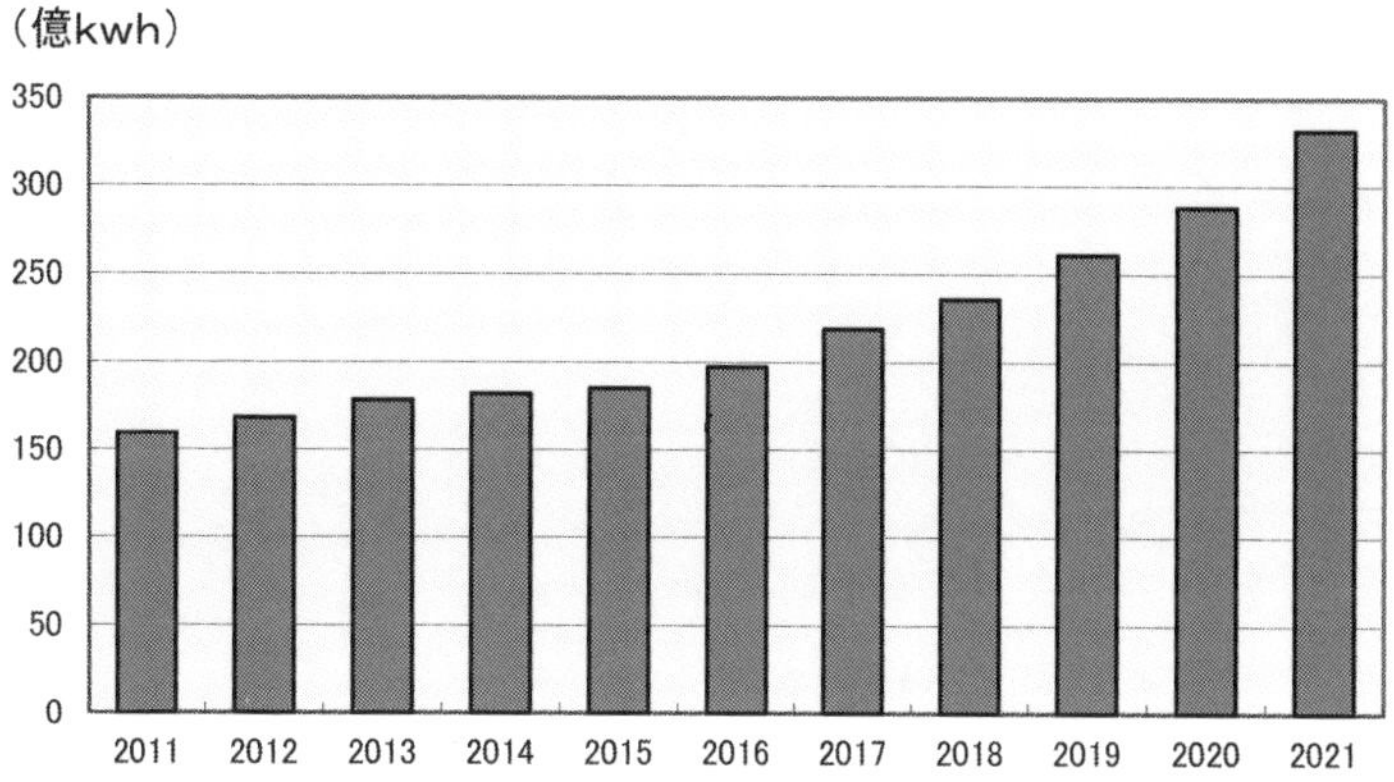


出所：経済産業省資源エネルギー庁『エネルギー需給実績』を基に筆者作成

たのは、アブラヤシという植物からとれる植物油のパーム油を燃料とするパーム油バイオマス発電だ。

　例えば、旅行会社ＨＩＳグループのＨ．Ｉ．Ｓ．ＳＵＰＥＲ電力は、２０２１年１月に営業運転を開始したパーム油バイオマス発電所（宮城県角田市）を運転開始後すぐに停止した。また、新電力のエナリスも茨城県に２カ所のパーム油バイオマス発電所を運営していたが、稼働停止にした。

　なぜ稼働停止になったかといえば、コロナ禍以降、燃料となるパーム油の国際価格が高騰するようになり、どのパーム油バイオマス発電所であっても固定価格買取制度（ＦＩＴ制度）に基づく売電価格では採算が合わなくなってしまったからだ。

　では、なぜパーム油の国際価格が高騰するようになったのか。価格高騰は、新型コロナウイルスの影響でパーム油の主要な生産国で生産が落ち込んで、需給のバランスがひっ迫するようになったことが原因だ。

例えば、パーム油の主要生産国のひとつであるマレーシアでは、全土にアブラヤシ農園が広がっている。ただ、アブラヤシ農園でのヤシの実の収穫作業はかなりの重労働であるため、その大半をインドネシアなど周辺国の外国人労働者が担っている。アブラヤシ生産従事者の7割に相当する10万人が外国人労働者で占められる。

しかし、新型コロナウイルスの流行を受けて、マレーシア政府が外国人労働者の入国制限を行ったため、アブラヤシ農園で深刻な人手不足が発生するようになった。農園でヤシの実が熟しても、収穫ができないため、そのまま放置され、地面には腐ったヤシの実が無残に散らばるという状況になってしまったのだ。

マレーシアのパーム油協会（ＭＰＯＡ）によると、パーム油の潜在的な生産量の25％が失われたという（２０２０年７月）。

コロナ禍では、パーム油バイオマス発電のほか、木質バイオマス発電も深刻なダメージを受けた。木質バイオマス発電は、木材チップを燃やしてタービンを回して発電する仕組みのことを指す。コロナ禍になってから、木質バイオマス発電の燃料として使われる木材チップの価格が高騰するようになったのだ。

木材チップの価格高騰は、米国発の「ウッドショック」が原因だ。米国では、コロナ禍で在宅ワークが定着するようになったため、通勤に便利な都市中心部から郊外への住み替え需要が急拡大するようになった。また、コロナ禍で連邦準備制度理事会（ＦＢＲ）が金融緩和を実施して、住宅ローン金利が低下していたことも住宅需要拡大の追い風となった。

その結果、住宅用の木材の需給がひっ迫することになり、木材価格の高騰を招くことになった。

しかも、世界的な巣ごもり需要の拡大を受けてコンテナ物流が急増していたため、木材の海上輸送が滞ってしまったことも、木材価格の高騰に拍車をかけることになった。

# 第2章

# ロシアの軍事進攻とエネルギー価格

## ２０２２年２月に始まったプーチンの戦争

第２章では、２０２２年２月から始まったロシアのウクライナへの軍事侵攻がエネルギーの国際価格（特に天然ガスの価格）と各国のエネルギー政策にどのようなインパクトを与えたかについて詳細に分析していく。ロシアのウクライナへの軍事侵攻も、新型コロナウイルス感染症の広がりと同様、ＶＵＣＡの中で予期せぬ出来事が発生する「Ｕ（不確実性）」に属する事象だ。

２０２２年２月24日早朝、ロシアのウラジミール・プーチン大統領は、ウクライナ東部での「特別軍事作戦」の実施を発表し、20万人の兵をウクライナに投入した。

プーチン大統領は、特別軍事作戦の狙いについて「ウクライナの非軍事化と非ナチス化」であると自国民に説明したが、本当の目的は、ウクライナの北大西洋条約機構（ＮＡＴＯ）加盟とＮＡＴＯの東方拡大を阻止し、自国の安全保障上の脅威を取り除くことにあったと考えられる。

１９９１年末にソ連が崩壊すると、旧ソ連構成国やその周辺国は相次いで欧米との政治・経済・軍事面での関係強化に乗り出し、その一環として米国と西欧諸国の集団安全保障体制であるＮＡＴＯにも加盟するようになった。

1999年にチェコ、ハンガリー、ポーランドが、2004年にはエストニア、スロバキア、スロベニア、ブルガリア、ラトビア、リトアニア、ルーマニアがNATOに加盟した。さらに、2009年にはアルバニアとクロアチアが、2017年にはモンテネグロが、2020年には北マケドニアがNATOへの加盟を果たしている。

もし、ウクライナがNATOに加盟し、NATOのミサイル攻撃システムがロシア国境に近いウクライナ領内に配置されることになれば、ロシアはNATOとの緩衝地帯を失い、安全保障上大きな脅威になってしまう。

このため、ロシアは2021年12月、米国とNATOに対して、ウクライナのNATO加盟を認めないことや、ロシア周辺から攻撃型兵器を撤去することなどを明文化する条約案を提示した。

しかし、米国とNATOはロシアの要求を拒否する姿勢を明確にし、政治・外交的解決が難しい状況になったことで、ロシアが強硬手段に打って出たとみることができるだろう。

ただ、ウクライナへの軍事侵攻が長期化の様相を呈するなか、プーチン大統領の思惑とは逆に、NATOの求心力は急速に高まっており、ロシアにとっては軍事侵攻前よりも安全保障上の脅威が高まるという皮肉な結果を招いている。

プーチン大統領にとって一番の誤算だったのは、それまで軍事的な中立を保ってきたフィンランドとスウェーデンが2022年5月にNATOへの加盟を申請したことだ。

当初、加盟国のトルコが、テロ組織に指定しているクルド人武装組織を両国が支援していると主張して、両国のNATO加盟に難色を示していたが、両国がクルド労働者党（PKK）の関係者らの引き渡しに応じることで合意したため、トルコも加盟支持にまわり、フィンランドは2023年4月にNATOの31番目の加盟国となった。スウェーデンも将来的にNATO加盟が実現するとみられる。

フィンランドやスウェーデンがNATOに加盟するのは当然の帰結といえる。ソ連が崩壊して以降、旧ソ連構成国やその周辺国が相次いで欧米との政治・経済・軍事面での関係強化に乗り出すようになった根本的な理由は、ロシア経済に旧ソ連構成国やその周辺国をつなぎとめるだけの魅力がなかったからだ。

周辺国をロシアにつなぎとめておくためには、資源以外の産業を育成して国際競争力を強化するなど、ロシアの経済的魅力を高めておくべきだった。そのような努力を怠っておきながら、今回のウクライナ侵攻のようにロシアからの離反の動きが出れば、軍事的な手段に訴えるという理不尽な行動を取っていると、周辺国で離反の動きが加速するのは自然な流れといえるだろう。

## ロシアの資源輸出を止められなかった「金融の核爆弾」

ロシアの軍事侵攻を受けて、欧米諸国や日本は、ただちにロシアの主要銀行との米ドルでの取引停止や対ロ輸出管理の強化、天然ガスのパイプラインの稼働阻止など厳しい経済制裁を課すようになった。

さまざまな経済制裁のメニューの中でも、2022年2月26日に決定したロシアの銀行を国際銀行間通信協会（SWIFT）から排除するという措置は、フランスのルメール経済・財務大臣が「金融の核爆弾」と表現したほどで、当初はロシア経済に深刻なダメージを与えるものと期待された。

SWIFTというのは、世界各国の銀行・金融機関を結ぶ決済ネットワークシステムの運営団体（非営利組織）のことでベルギーに本部を置く。また、この団体が提供するネットワーク自体も「SWIFT」と呼ばれている。世界各国の1万1000以上の金融機関がSWIFTを利用しており、1日あたりの決済額は5兆ドルにも上る。

SWFITから締め出されてしまうと、ロシアの企業は銀行を通じて貿易の決済をすることが難しくなる。

ロシアの主要産業はエネルギー産業なので、特にエネルギー関連産業が輸出代金を受け取ることができなくなり、甚大なダメージを受けるとみられていた。

２０１２年には、イランが欧米諸国の金融制裁の一環でＳＷＦＩＴから排除されたが、石油の輸出による収入が大幅に落ち込むなどして経済が立ち行かなくなり、３年が経過した２０１５年には、欧米諸国に譲歩する形でイランの核合意が成立し、金融制裁が解除された。ただ、実際に蓋を開けてみれば、ＳＷＦＩＴからの排除がロシア経済に与えたダメージは、それほど大きなものにはならなかった。

理由のひとつは、今回の制裁ではＳＷＩＦＴからロシアのすべての銀行を排除したのではなく、ガスプロムなど一部の銀行を排除しなかったということがある。ＳＷＩＦＴから排除された銀行は間違いなく国際決済ができなくなり、ロシアの企業の取引にダメージを与えたが、排除の対象とならなった銀行に口座を移してしまえば、国際的な金融取引を続けることができてしまうという抜け穴が残されていた。

ガスプロムなど一部の銀行を排除しなかったのは、欧州諸国はロシア産の天然ガスに依存していたため、ＳＷＩＦＴからロシアのすべての銀行を排除すると、欧州各国がロシアからエネルギーを調達することが難しくなってしまうという恐れがあったからだ。

また、資源価格の高騰が続く中で、中国など対ロ制裁に加わらなかった国々がロシア産の資源を購入していたことも、ロシアの資源輸出を下支える役割を果たした。

ただ、SWIFTからの排除は、ロシアの輸出に対しては大きなダメージを与えることができなかったが、ロシアの輸入には深刻なダメージを与えた。ロシアは、欧米諸国から部品などを輸入することができなくなり、自動車など国内の生産活動が停滞し、失業者が増加するといった影響が出た。

## ロシアが欧州への天然ガス供給を制限

欧米諸国がロシアに対して厳しい経済制裁を課すと、ロシアもこれに対抗して報復措置をとるようになった。ロシアは、世界有数の資源大国であるため、エネルギーの供給に制限を加えるようになったのだ。

世界の化石エネルギー生産におけるロシアのシェアをみると（2020年）、天然ガスは17%のシェアで世界第2位、原油は12%のシェアで世界第3位、石炭は5%のシェアで世界第6位の生産量となっている。ロシアは、世界のエネルギー市場において非常に大きな影響力を持っているといえる。

天然ガスについては、これまでロシアから欧州にパイプラインを通じて供給されていたため、ロシアが報復措置の一環として欧州への天然ガス供給を制限するようになったことで、欧州経

図２－１　主要国のロシア産天然ガス依存度（2020年）

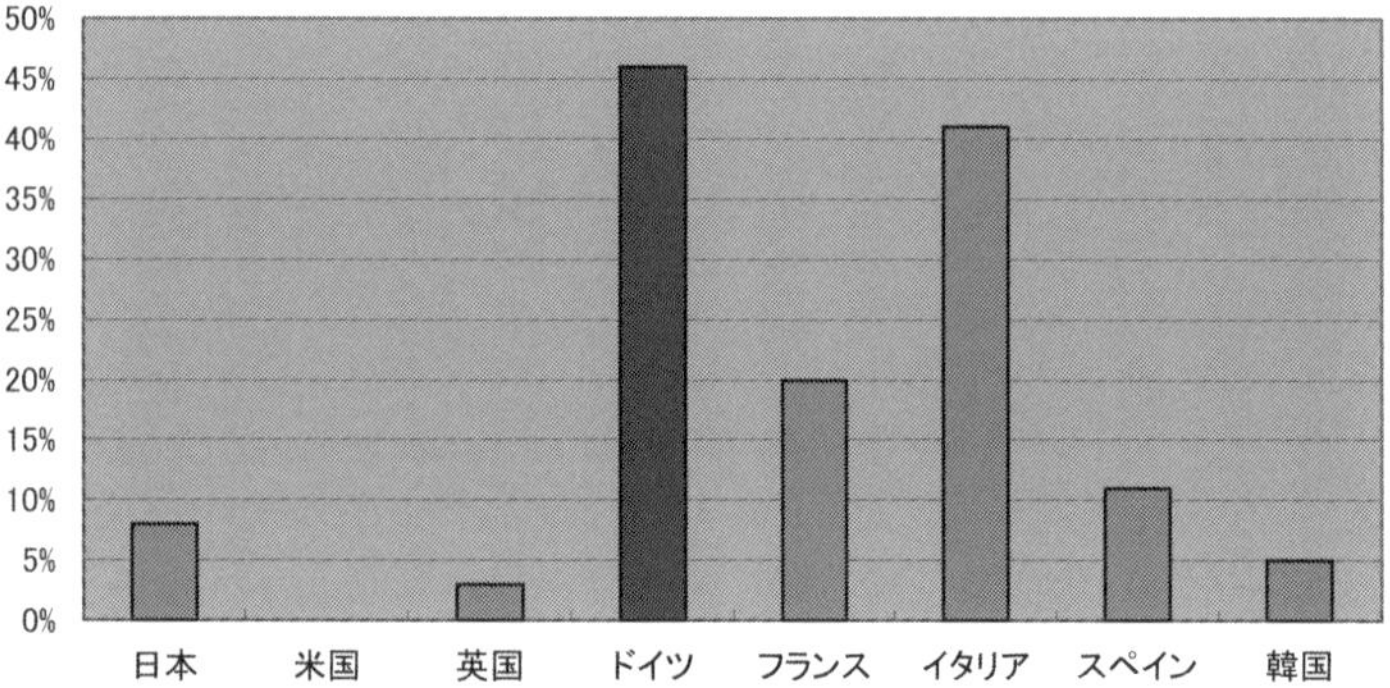


出所：経済産業省資源エネルギー庁資料を基に筆者作成

済を苦境に陥らせた。

欧州諸国は、ロシアの天然ガスに依存した経済のリスクを改めて認識するようになり、脱ロシアのために再生可能エネルギーのさらなる活用などさまざまな対策を講じるようになった。

欧州諸国の中でも、ロシアのガス供給制限の影響を強く受けたのがドイツだ。ドイツでは、ウクライナ侵攻前の段階（２０２０年）で、ロシア産天然ガスが国内の天然ガス需要の46％を占めており、そのほとんどが海底パイプライン「ノルド・ストリーム」経由で輸送されていた（図２－１）。

当初、ロシアから欧州各国に供給される天然ガスパイプラインは、ロシアの北極圏のガス田からウクライナを経由しなければならなかった。ただ、２０００年代に入って、ロシアとウクライナの対立が先鋭化したため、ウクライナを経由しない新たな海底パイプラインの建設が進められていった。これが「ノルド・ストリーム」である。「ノルド・ストリーム」は、欧州のバルト海の下をロシアからドイツまで結ぶ海底天然ガスパイプラインで、「ノルド・ストリーム1」が2012年10月に完成した。2021年9月には「ノルド・ストリーム2」も完成している。

ウクライナ侵攻後、ロシアは、段階的に「ノルド・ストリーム」のガス供給を減らし、2022年8月末には止めてしまった。さらに同年9月には、何者かの破壊工作によって「ノルド・ストリーム」が爆破され、ロシアからドイツへのガス供給が物理的に不可能になってしまった。

ドイツは、省エネ・節電に取り組むとともに、急遽ロシア産ガス脱却戦略を策定し、天然ガスの調達先の多角化を急いだ。LNGの輸入基地を建設し、米国やアラブ首長国連邦（UAE）などから購入したLNGを貯蔵していった。

ロシア産の天然ガスの供給が途絶えて苦境に陥った欧州経済に救いの手を差し伸べたのが北欧のノルウェーだ。ノルウェーは、ロシアに次ぐ世界第2位の天然ガス輸出国で、これまでは主に英国、ドイツ、フランス、ベルギーのターミナルにパイプラインで天然ガスを供給してきた。

ロシアがドイツやイタリア、その他のEU加盟国への天然ガス供給を減らして、欧州のエネルギー危機が深刻化すると、ノルウェーとEUは、エネルギー分野で緊密に協力することで合意し、ノルウェーから欧州への天然ガス輸出が大幅に増加した。

その結果、ノルウェーは、2022年のEUのガス輸入の30％をカバーした。ノルウェーは今後も、欧州のエネルギー安全保障を確保するために、天然ガスの増産を続けて欧州各国に供給していく方針だ。

## 欧州の爆買いでLNG価格が高騰

プーチンが引き起こした戦争は、LNG調達の世界地図を塗り替えた。ロシアがパイプラインを通じた天然ガス供給を絞り込んだため、欧州各国は、ガス供給のロシアからの脱却を目指すようになり、米国やカタール、ノルウェー、エジプトなどロシア以外の国からLNGを相次いで購入・貯蔵するようになった。

IEAの統計によると、2022年の欧州全体のLNG輸入量は2021年対比で63％も増加した。輸入増加分の3分の2は米国から購入している。

米国産LNGの欧州向け輸出の割合をみると、2021年は29％にとどまっていたのだが、2022年には64％まで拡大した。逆に、アジア向けについては、2021年の47％から

図2-2　アジアのLNGスポット価格の推移(月次データ)

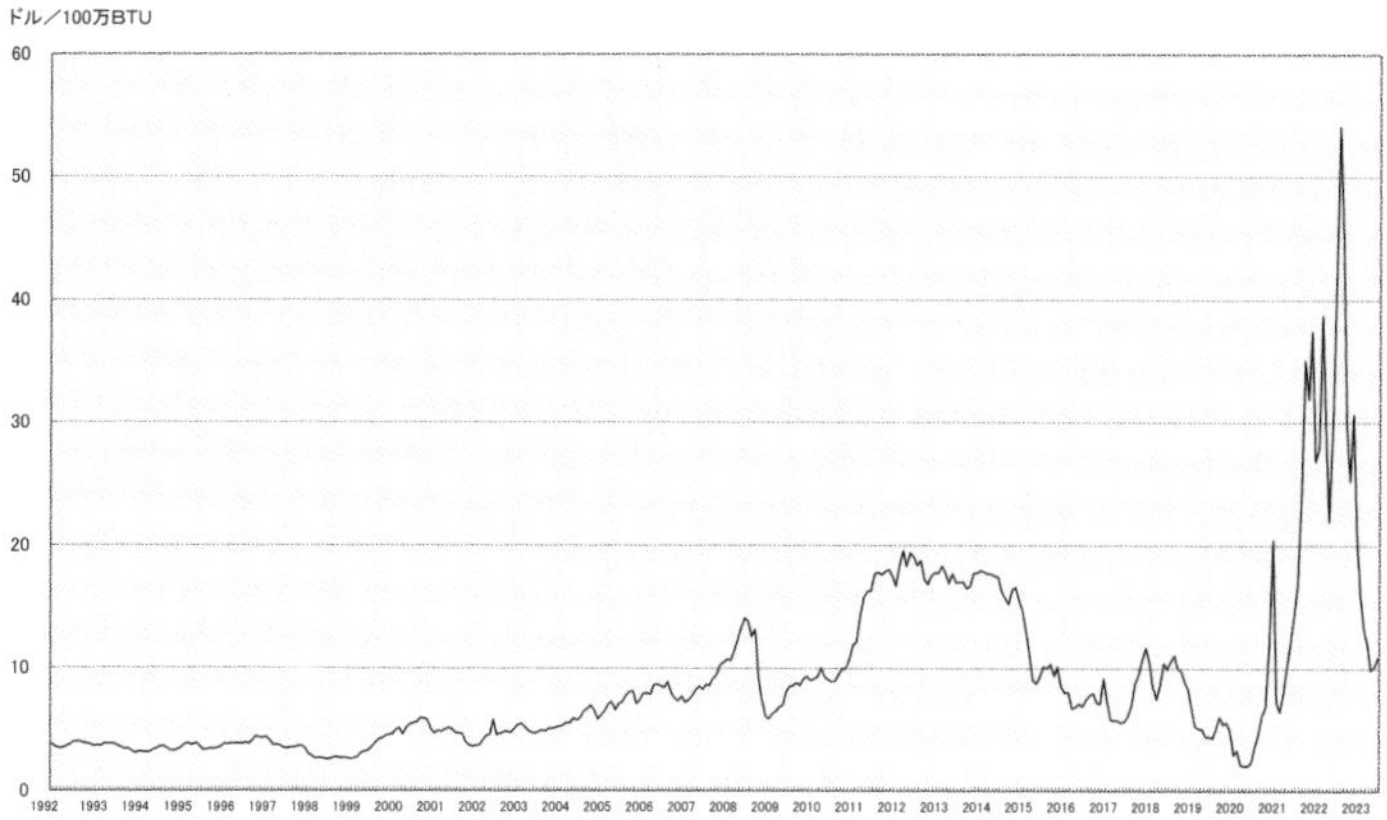


出所：FRB資料を基に筆者作成

2022年には23%とシェアが半減している。

欧州勢がLNGの「爆買い」に走った結果、世界的にLNGの需給がひっ迫するようになり、価格調整メカニズムが働いてLNG価格の高騰を招いた。

実際、アジアのLNGのスポット（随意契約）価格の推移をみると、ロシアが軍事侵攻を開始してから急騰している様子がわかる（図2-2）。2022年8月には、2020年8月に比べて15倍の水準まで価格が高騰した。

LNG価格の高騰により、外貨準備高が不足するバングラデシュやパキスタン、インドなどアジアの新興国は、LNGの調達が困難となり、各地で大規模停電が発生するなど深刻な影響が出た。

バングラデシュの状況についてみると、バングラデシュには、埋蔵量が豊富なガス田があり、天然ガスの生産国となっている。発電量の5割が天然ガス火力によって供給されており、これまでは国産の天然ガスが利用されていた。しかし、国産の天然ガスは生産量が不安定で、最近では不足する天然ガスを輸入ＬＮＧで賄っていた。

そうした状況下、アジアのＬＮＧ価格が上昇したため、外貨準備が不足するバングラデシュは輸入ＬＮＧを確保できなくなってしまった。このため電力が供給されなくなり、２０２２年7月には、バングラデシュの各地で停電が発生、抗議のデモが行われるようにもなった。

バングラデシュと同様、パキスタンも国内で天然ガスを生産しているが、それだけでは国内の需要を満たすことができず、海外からＬＮＧを輸入している。輸入したＬＮＧは発電に使われるほか、都市ガスとして工場や家庭にも供給される。

しかし、ＬＮＧ価格の高騰で、必要なＬＮＧの調達ができなくなっており、ガス不足の問題に直面している。一般家庭では都市ガスが出なくなっているため、２０２２年の冬には、ガスの代わりに薪を使う家庭が急増するようになった。

日本の場合、輸入ＬＮＧは、価格変動の激しいスポット市場よりも価格が安定している長期契約で調達するケースが多いため、アジアのＬＮＧスポット価格高騰の影響は比較的小さなものにとどまる。

ただ、ロシアの軍事侵攻の影響でＬＮＧ価格の上昇はしばらく続くとみられ、日本はＬＮＧ

を安定的に調達するために、調達先の多様化を図っている。

例えば、2022年12月、日本の石油開発会社INPEXは、米国から年間100万トンのLNGを調達する契約を結んだ。契約期間は20年間となっている。2023年から米国ルイジアナ州でLNGプラントの建設を始めており、早ければ2027年から供給を開始する予定だ。日本はこれまで、輸入するLNGの約半分を豪州と中東、1割弱をロシアに頼っていたが、米国など他地域からも調達先を広げることでリスクを分散し、安定的に供給することが可能となる。

## 戦略備蓄放出の効果は？

続いて、ロシアの軍事侵攻が原油の国際価格に与えた影響をみていこう。2022年2月にロシアが侵攻を始めるとただちに原油の国際価格が高騰するようになった。

これは、原油の生産大国であるロシアが軍事侵攻をしたことで、「原油の供給に影響が出るかもしれない」という連想が働き、将来原油の国際価格が上がるであろうという予測のもとに、原油に投資をするマネーがたくさん入ってきたことで原油価格が押し上げられたと考えられる。

2022年3月8日には、WTIで一時1バレル＝130ドル台と2008年7月以来約13年

8カ月ぶりの高値を付け、終値も1バレル＝123・7ドルとなった。

ロシアのウクライナへの軍事侵攻によって原油の国際価格は高騰したが、2014年にロシアがクリミア自治共和国を併合した際にも原油価格は高騰した。

原油価格を抑制するために、2022年3月1日、IEAは緊急の閣僚会合を開き、加盟国が協調して合計約6000万バレルの石油備蓄を放出することで合意した。ロシア産原油の減少分を、備蓄放出によってカバーし、原油の需給バランスを調整することで価格を安定化させる狙いだ。

6000万バレルといえば、世界の1日の原油消費量のおよそ6割に相当し、このうち半分の約3000万バレルを米国が放出、日本は約750万バレルを放出した。

IEA主導の放出は、産油国リビアで当時のカダフィ政権と反政府勢力の戦闘が続いたことで原油の輸出が滞り、供給不安が生じた2011年以来およそ11年ぶりのことだ。

IEAは、2020年4月1日に再度緊急の閣僚会合を開き、加盟国が前回の2倍となる1億2000万バレルの石油備蓄を放出することで合意した。今回の合意では、米国が半分の約6000万バレルを放出し、日本は約1500万バレルを放出した。

では、備蓄放出によって原油価格は本当に抑制されるのだろうか。短期的には、備蓄放出の効果により、原油価格の上昇に歯止めをかけることは可能だろう。しかし、戦略備蓄の放出は応急処置に過ぎず、根本的なところで、需給ひっ迫の問題が解決されない限り、原油価格の上昇に歯止めをかけることは難しいのではないか。ロシアの軍事侵攻により世界の原油の需要バランスは大きく変化した可能性が高く、原油価格には長期間にわたりかなりの上昇圧力がかかってくるだろう。

また、備蓄の放出が終了した時点で、各国の戦略備蓄の水準は大きく下がってしまうわけで、ＩＥＡの規定により原油の純輸入量の90日分の備蓄をまたしなくてはならなくなる。場合によっては、備蓄のための需要増加によって原油価格がさらに押し上げられてしまう可能性すらある。

## 欧米の禁輸措置で原油価格が高騰

その後、主要国首脳会議（Ｇ７）が２０２２年5月8日に開催したオンライン会議において、対ロ制裁としてロシア産原油の輸入を禁止する方針を打ち出した。ＥＵも同月30日にロシア産原油の一部輸入禁止で合意した。

ロシアは、資源の輸出で稼ぎ出した外貨を軍事侵攻の資金源としてきたため、ロシア産原油の輸入禁止措置は、ロシアの軍事資金を枯渇させるという効果が期待できる。

ただ、この措置は、ロシアの原油生産量を減少させることを通じて世界の原油の需給を一段とひっ迫させてしまうため、原油価格のさらなる上昇を招くという副作用もあった。実際、G７やEUが禁輸措置を発表するとすでに上昇傾向にあった原油の国際価格は一段と上昇するようになった。

その後、原油の国際価格は落ち着いて推移するようになっている。この背景には、原油消費量の多い中国が新型コロナの流行を抑え込むためにゼロコロナ政策を実施したことがある。これにより中国では経済活動が停滞し原油の需要が低迷し、世界的な原油の需給のバランスが改善して原油価格の低下をもたらしたのだ。

２０２２年12月には、G７がロシアに対して追加制裁を実施した。それがロシア産の原油・石油製品に対して取引の上限価格を設定したうえで、ロシアがその上限を超える価格で取引をした場合には、海上輸送に対するサービスの提供を停止するというものだ。原油については、上限価格が１バレルあたり60ドルに設定された。

上限価格設定をしたのは、ロシアがロシアに友好的な国々に原油を高い価格で売ることを阻止する狙いがある。欧米諸国が禁輸措置をとっても、中国やインド、トルコなどは禁輸措置をとっていないので、ロシアは経済制裁下にあっても、こうした国々に原油を輸出して外貨を獲得することができていた。中国やインド、トルコなどはできるだけ安い価格でロシア産原油を輸入したいので、上限が設定されていれば、それより安い価格で購入することができる。いわば、新興国にロシア産原油を買い叩かせることで、ロシア経済に打撃を与えるという狙いだ。

しかも、この措置では、ロシアは上限の60ドルを超えた価格で原油を輸出することができない仕掛けが用意されている。今回の制裁では、「上限価格」を超える取引ではロシアのタンカーが海上保険を利用できないようにする措置が盛り込まれているからだ。海上保険に入ることができないと、事故を起こした場合のリスクが大きく、原油を積んだロシアのタンカーはどの国の港や運河を利用できなくなってしまう。

このため、ロシアがG7以外の国に原油を販売しようとしても販売価格が「上限価格」を超えていれば、実質的にどの国にも原油を販売できなくなり、ロシア経済は大きな打撃を受ける。

## ロシア産の石炭の禁輸でセメント価格が高騰

石炭についてはどうだろうか。化石燃料大国であるロシアでは、天然ガスや石油だけでなく、石炭も大量に産出する。ロシアにおける石炭の確認埋蔵量は、米国に続く世界第2位となっており、これまでは主に西シベリア地域で産出した石炭を海外に輸出してきた。

しかし、ウクライナ侵攻後は、ロシア産の石炭が世界市場に出回らなくなってきている。主要国が対ロ経済制裁の一環でロシア産の石炭の輸入に制限をかけたためだ。

米国は、2022年3月8日に対ロ制裁としてロシア産の原油・天然ガス・石炭の輸入を禁止すると発表した。

一方、EUは、2022年4月8日に第5弾の対ロ制裁パッケージの中で、石炭の輸入禁止を採択した。日本もG7と足並みをそろえる形で、同月にロシア産の石炭の輸入を削減する方針を表明した。ただし、すぐにロシア産の代替を確保することが難しいことから段階的に輸入量を削減し、将来的には全廃する計画が打ち出された。

ロシア産の石炭が世界の主要市場から締め出されたことで、世界的に石炭の需給がひっ迫し、石炭の国際価格は高騰するようになった。

石炭の国際価格の高騰は、日本経済にとっては大きな痛手となる。というのも日本は、国内で利用する石炭のほぼ全量を海外からの輸入に頼っているからだ。

輸入した石炭は、エネルギーやさまざまな製品の原料として使われている。最も多く使われているのが電力分野で、石炭（一般炭）の国際価格が上昇すると、その分、発電コストが上昇してしまうので、電気料金の値上がりにつながりやすい。電気料金が上昇すれば、さまざまな業界でコスト負担が増大することになり、これが製品価格に転嫁されることで、物価の上昇をもたらす。

石炭価格上昇の影響は、それだけにとどまらない。石炭価格の上昇は、石炭（原料炭）を原材料として使っている鋼材やセメントといった建設資材の価格高騰にも波及してきている。石炭価格の上昇で採算が悪化したセメント各社は、相次いでセメント価格を値上げしており、セメントを原材料として使うコンクリートメーカーも転嫁値上げをしている。さらには、こうした建設資材の上昇がマンション販売価格の高騰にまで波及している。

首都圏の新築マンションの平均価格は、すでにバブル期を超えて最高値を更新しているが、マンション価格高騰には、ロシアの軍事侵攻がかなり影響しているといえるだろう。

## 欧州各国で復活した石炭火力発電

ロシアのウクライナへの軍事侵攻を受けて、欧州諸国は経済制裁の一環として、天然ガス、原油、石炭といったロシア産エネルギー資源の輸入を大幅に削減するようになった。ロシアも報復措置として、欧州向け天然ガスの供給を絞りこむようになったことから、欧州諸国は、深刻なエネルギー不足に直面する事態となった。

欧州諸国は、ロシア以外の地域からＬＮＧを調達するようになったが、これまでロシアからパイプラインを通じて天然ガスの供給を受けていたため、ＬＮＧの貯蔵設備が不足してしまい、

ＬＮＧだけでロシア産天然ガスの減少分をカバーすることはできなかった。

そこで、窮余の策として天然ガスよりも単価の安い石炭に依存する傾向を強めるようになったのだ。気候変動対策に力を入れてきた欧州諸国にとって、温室効果ガスの排出量が天然ガスに比べて2倍も多い石炭は、最優先で削減するべき化石燃料であったはずだが、背に腹は代えられず、電力確保に向けて短期的な視点から石炭火力発電を復活させる動きが広がったのである。

ドイツでは、ロシアの軍事侵攻前はショルツ政権が２０３０年に石炭火力発電を廃止するという目標を掲げていた。メルケル前政権時の目標から8年も前倒しした目標だったが、軍事侵攻後は、政策の転換を余儀なくされ、ハベック経済・気候大臣は２０２２年6月、時限的な緊急措置として、エネルギー供給維持のために石炭火力の発電量を増やす方針を打ち出した。

ギリシャでも石炭火力発電が復活した。キリアコス・ミツォタキス首相は、２０２８年までに国内の石炭火力発電所をすべて閉鎖することを表明していたが、ロシアの軍事侵攻を受けてエネルギー政策の転換を余儀なくされた。

２０２２年4月、ミツォタキス首相は、先行き2年間の時限的な措置として石炭を50％増産する計画を打ち出し、プトレマイダで稼働する火力発電所（プトレマイダ５）について、２０２８年まで燃料として石炭を使い続けることを発表した（当初は２０２６年以降、石炭から天然ガスに燃料を変更する予定だった)。

オランダでも石炭火力発電所が復活した。オランダ政府は2022年6月、ロシア産天然ガスへの依存度を下げるため、石炭火力発電の利用を増やす方針を打ち出した。これまでは脱炭素に向けて石炭火力発電所の稼働率を35%に抑えていたが、この制限を解除した。

一方、オーストリアでは2022年6月、ロシアからの天然ガス供給が制限された場合に備えて、それまで停止していた予備の天然ガス火力発電所を石炭火力発電所に改造することを決めた。

さらに英国も2022年7月、ウクライナ情勢を受けて一部石炭火力発電所の稼働期間延長に踏み切った。対象となったのは、ドラックスのヨークシャー発電所にある2つの石炭火力発電所だ。これら2つの石炭火力発電所は2022年9月末での閉鎖が予定されていたが、2023年3月まで稼働が延長されることとなった。

## ロシアのウクライナへの軍事侵攻で木質バイオマス発電の採算が一段と悪化

ロシアによるウクライナ侵攻をきっかけに、EUが経済制裁の一環でロシア及びベラルーシ産木材の輸入を停止したこと、また、ロシアが非友好国とみなした国に木材の輸出を停止したことなどから、ロシア産の木材が世界市場に出回らなくなっている。

ロシアの森林面積は、世界の約2割を占めているため、世界の木材の需給がひっ迫し、それを反映して木材の国際価格が高騰するようになった。国内で使用する木材の約7割を輸入に頼る日本も輸入木材の価格高騰に見舞われている。

こうした木材価格の高騰は、バイオマス発電にも深刻な影響を与えている。第1章でも説明したとおり、コロナ禍では米国発の「ウッドショック」の影響で、木質バイオマス発電で使用する木材チップの価格が高騰するようになったため、多くの木質バイオマス発電所が採算割れに陥った。

今度は、ロシアの軍事侵攻の影響で、木質バイオマス発電は採算が一段と悪化することになり、存廃が取り沙汰されている。

例えば、2022年12月8日には、日立造船が運営する茨城県常陸太田市の宮ノ郷木質バイオマス発電所（出力5700キロワット）が一時停止となった。稼働停止の理由は、燃料となる木材チップの価格がロシアのウクライナ侵攻の影響で高騰し、調達ができなくなってしまったことだ。

また、兵庫県で官民が連携して2016年に稼働を開始した朝来市生野町の木質バイオマス発電所は、2022年12月24日に稼働を停止した。やはり木材チップの価格高騰で調達が困難になったことが原因だ。採算を度外視して木材の買い取り価格を当初に比べて1・4倍に引き上げたが、それでも手に入らなかったという。その他にも木材価格の高騰を理由に稼働を停止した木質バイオマス発電所は多い。

ところで、ウッドショックやロシアの軍事侵攻で価格が高騰したのは、輸入木材のほうだ。宮ノ郷木質バイオマス発電所や朝来市生野町の木質バイオマス発電所は、いずれも国産材を使っていたのに、価格高騰で調達困難になったのはなぜか。輸入木材の価格が高騰すると、国産材のほうに需要が集中するようになるため、結局、国産材の需給もひっ迫して、価格が高騰してしまうのだ。

# 第3章

# エネルギー価格の高騰と家計・企業負担の増大

## コストプッシュインフレに直面する日本経済

バブル経済崩壊後の1990年代以降、日本経済は長期間にわたってデフレーション（物価が持続的に下落する現象）に苦しんできた。

一般的な傾向として、人々はデフレになると先行きも物価の下落が続くと考えるようになるため、より安い値段でモノが買えるという理由で消費を将来に先送りする傾向が強まる。その結果、モノが売れなくなっていく。モノが売れなくなった企業は在庫が積み上がって、新規の設備投資を手控えるようになる。このような経路で経済全体にデフレのマイナスの影響が及んでしまう。

ところが、2022年ころから日本の物価は上昇傾向で推移するようになった。デフレに苦しんできた日本にとっては、物価の上昇は一見望ましいことのようにも思えるが、最近の物価の上昇は消費や投資といった需要が拡大して、需給のバランス改善することによって生じたもの（ディマンドプルインフレ）ではなく、世界的な原材料・エネルギー価格の上昇によって引き起こされた側面が強い（コストプッシュインフレ）。

世界的な原材料・エネルギー価格の上昇の背景には、ワクチンの普及などにより新型コロナウイルスの感染が落ち着いてきたことで、ペントアップ需要（コロナ禍で先延ばしされた需要）が膨らんで、原材料・エネルギー需要が急拡大したということがある。

また、2022年2月に始まったロシアのウクライナへの軍事侵攻で、原材料・エネルギーの供給不安が高まったことも原材料・エネルギー価格の上昇に拍車をかけた。

エネルギーについていえば、日本の場合、国内で使用するエネルギーの7割が化石燃料で占められている。しかも、そのほとんどを海外からの輸入に頼っているため、エネルギーの国際価格の高騰は、輸入物価の上昇を通じて、一般物価の上昇につながりやすい。

さらに、最近では外国為替市場で、円安が進行するようにもなっている。円安の進展は、モノを輸出する際の価格競争力を強める効果があるので、輸出関連企業の業績にはプラスの要因として働く。その一方、円安の進展は、海外からモノを輸入する際の円建て価格を引き上げてしまう効果がある。

円安によって輸入物価がさらに押し上げられて、これが一般物価の上昇に拍車をかけている側面もある。

では、なぜ最近になって円安が進むようになったのか。円ドル為替レートの決定要因は、日米の景況感格差や貿易収支の動向などさまざまだが、最近の円安の一番の要因は日米の金利差の拡大だろう。

米国では物価が深刻化しており、中央銀行のFRBは2022年3月から金融引き締め政策

図3－1　米国の10年国債利回りの推移（月次データ）

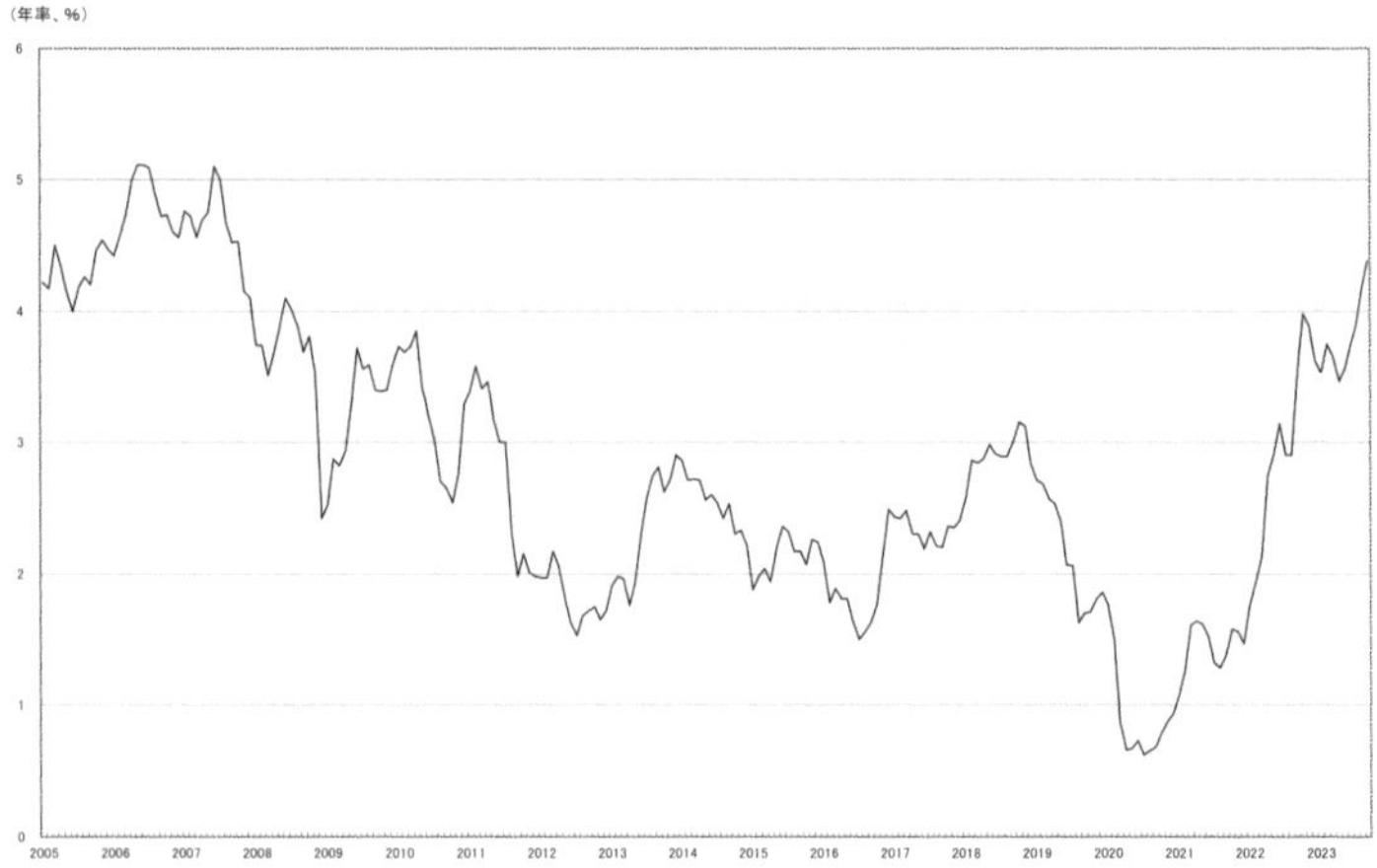


出所：FRB資料を基に筆者作成

をとるようになった。このため、米国国内では長期金利（10年国債の利回り）がどんどん上がってきている（図3－1）。

一方、日本でも物価には上昇圧力が強まっているが、中央銀行の日本銀行は景気に配慮して、いまだに異次元の金融緩和政策をとり続けている。

その結果、日本の長期金利は低い水準にとどまったままで、日米の金利差は開いていく傾向にある。日米の金利差が拡大している局面では、投資家は金利の低い円で借り入れをして、金利の高いドルで積極的にお金を運用することが得策になるので、円が売られてドルが買われることで円安ドル高が進んでいるわけだ。

米国のインフレが落ち着きを取り戻してく

れば、ＦＲＢは金融引き締めから金融緩和へと金融政策の舵取りを変更する可能性が高いが、その時期は早くても２０２４年度以降になるだろう。

日本の企業は政府からの要請もあって２０２３年から賃上げを進めているが、おそらく２０２３年度いっぱいは物価が賃金を上回るペースで上昇していく可能性が高い。いくら賃金が上がってもそれを上回るスピードで物価が上昇していけば、人々の実質的な購買力は落ち込んでしまう。

足元では、消費や景気が低迷して、なおかつ物価高が継続するというういわゆる「スタグフレーション」と呼ばれる状況に日本経済が陥るリスクも高まってきているといえよう。

## 家計の光熱費負担が増大

食品や日用品の値上げラッシュが続いているが、エネルギーコストの増加を背景に家計にとっては光熱費の負担も重くのしかかっている。

例えば、関西電力の協力代理店であるＫＡＮＴＥＣが２０２３年6月12日にインターネットで実施した調査によると（自宅に給湯器を設置している１０３８人を対象）、86・４％の人が「相次ぐ値上げで生活への影響が出ている」と回答していた。

「水道光熱費の中で、直近（およそ6カ月～1年）と比較して最も値上げされたのはどれか？」という質問に対しては、「電気代（85・3％）」がダントツとなり、次いで「ガス代（10・5％）」、「水道代（4・2％）」という順になった。

2022年冬の電気料金の請求書を見て、あまりの値上げ幅に驚いてしまったという方も少なくないようだが、実は、2010年代以降、一般家庭の電気料金は年を追うごとに上がっている。

総務省の『消費者物価指数』で電気料金をみると、2012年ころから上昇傾向で推移している様子が確認できる（図3-2）これには、2011年3月11日の東日本大震災で福島第一原子力発電所事故が発生したことが関係している。

福島第一原子力発電所事故後、日本のすべての原子力発電所はいったん停止となった。原子力発電の落ち込みをカバーするために火力発電所を稼働率が大きく上がることになった。

日本の火力発電所では、化石燃料の中では最もクリーンとされる天然ガスの利用が進んでいたので、天然ガス火力による発電量が急増した（図3-3）。

日本は、発電用のLNGを海外から大量に調達することになり、LNGの輸入金額が膨らんで発電コストが大きく高まった。LNGの輸入金額が膨らんだ背景には、LNGの需要が急に増えたことで、欧米諸国よりも高い価格でLNGを購入せざるを得なかったという事情もある。

図3－2　電気料金の推移

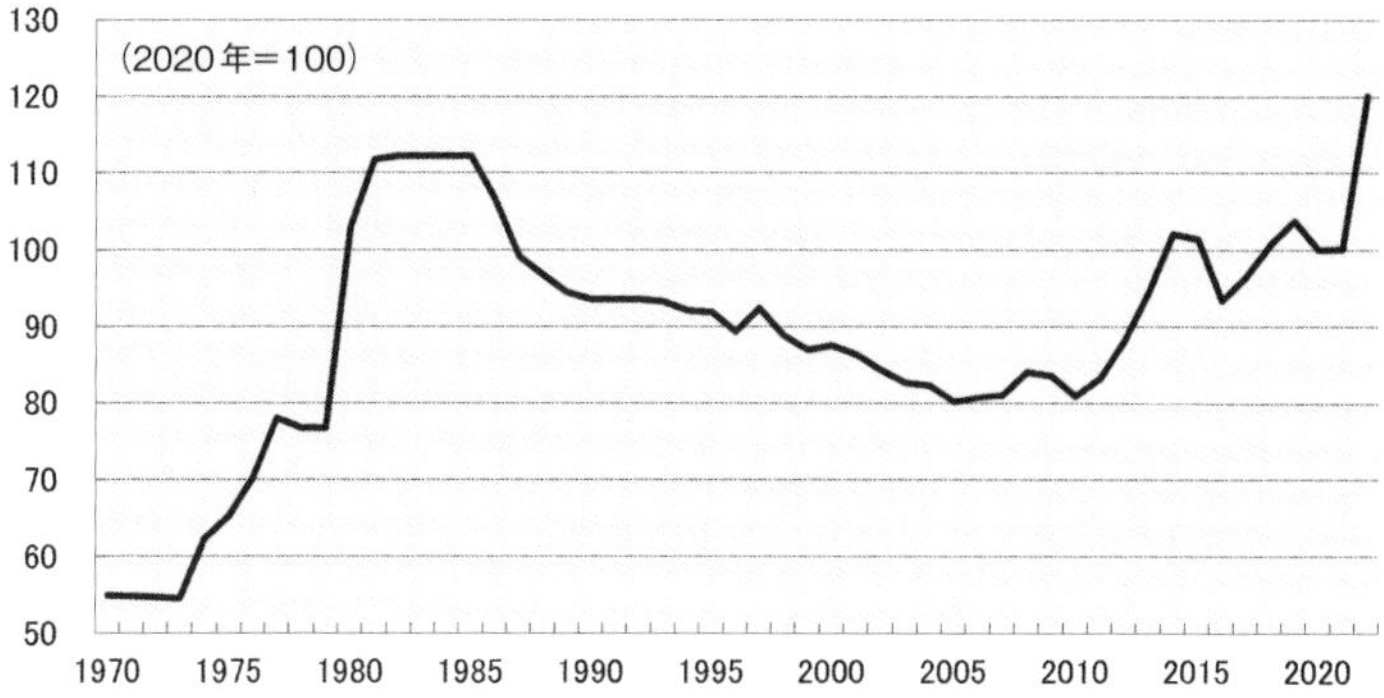


出所：総務省『消費者物価指数』を基に筆者作成

図3－3　原子力、石炭、天然ガスによる発電電力量の推移

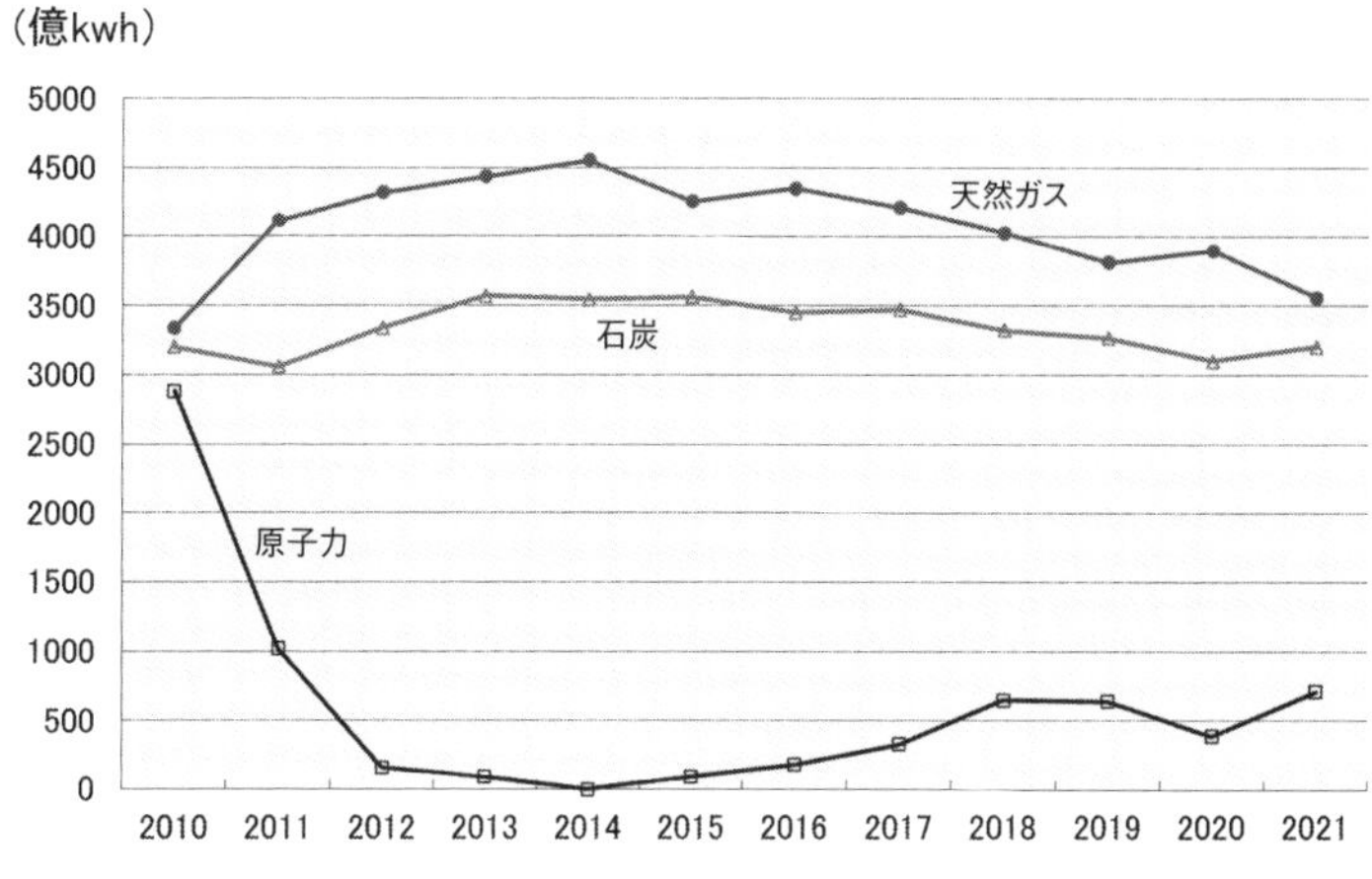


出所：経済産業省資源エネルギー庁『エネルギー需給実績』を基に筆者作成

また、2012年から第二次安倍晋三内閣のもとで、いわゆる「アベノミクス」という経済政策が推し進められたため、その影響により外国為替市場では、円ドル為替レートが円安・ドル高に傾くようになった。

先ほど述べたとおり、円安は、輸入品の円建て価格を押し上げる効果があるため、これによってLNGの調達費用がさらに膨らんでいった。

ところで、日本の電気料金には「燃料費調整制度」がある。燃料費調整制度というのは、大手電力会社が自社ではコントロールすることができない燃料価格や為替レートの変動リスクを需要家（電力を利用する消費者や企業）に転嫁するという仕組みだ。

LNGの価格高騰や円安による燃料調達費の増加が、燃料費調整制度により一般家計や企業の電気料金に転嫁されることで、電気料金が値上げされることになったというわけだ。

## 脱炭素社会への移行を遅らせる政府の補助金政策

物価高から国民生活を守るために、政府はさまざまな物価高対策を打ち出している。ガソリンや軽油、灯油など燃料価格の激変緩和策としては、2022年1月から石油の元売り会社に補助金を配り、卸値に反映させる形で販売価格の伸びを抑制してきた（燃料価格激変緩和対策事業）。

当初、この補助金は、2023年6月から段階的に縮小して、同年9月に終了する予定であったのだが、ガソリン価格の高騰が続いていることから2024年4月末まで期間を延長することが決まった。

一方、電気・ガス料金については、2023年1月から同年9月までの期間、「電気・ガス価格激変緩和対策事業」が実施された。

電気代は、使用量に応じて1キロワットあたり7円を補助する。ガス代は、都市ガス1立方メートルの使用につき30円を補助する。電気・ガス料金の計算は、契約している電力会社やガス会社・契約プランなどにより異なるが、標準世帯（30アンペアの契約で、月間400キロワット時を使用している家庭）での電気代は月2800円の割引となる。

このような政府による補助金政策は、ある程度は家計の負担を軽減することができるが、物価高が続く限りずっと続けていかなければならず、補助金のために国民の税金が相当な規模で投入されることになる。ガソリンの補助金については、2023年9月までに6兆円もの税金が投入されており、今後はさらに膨らむ公算が大きい。

一時的な補助金よりも消費税率の引き下げなど恒久減税にしたほうが、物価高から国民生活を守るうえでは有効だろう。

例えば、ガソリンについていえば、トリガー条項（あらかじめ決められた一定条件を満たした際に発動される条項。トリガーは「引き金」という意味）の凍結解除によってガソリン税の暫定税率分（1リットルあたり25・1円）を一時停止にすれば、かなりの価格抑制効果が期待できる。1年間では、国で1兆円程度、地方で5000億円程度、合計1兆5700億円程度の減収が見込まれるが、税収減は一時的なものであり、実質的に減税することで家計の可処分所得を下支えておけば、景気の回復時期が早まることになり、暫定税率を停止した分の税収減は、所得税や住民税、消費税収入の増加ですぐにカバーできるだろう。

また、電気、ガス、水道などのライフラインは、日常生活を営むうえで必須であるにもかかわらず、日本では消費税の軽減税率の対象になっていない。欧州では日本の消費税に相当する付加価値税（VAT）が導入されているが、電気代や水道代は生活必需品とみなされ、軽減税率が適用されている。例えば、英国のVATの標準税率は20％だが、電気代や水道代などは5％の軽減税率の対象となっている。また、ポルトガルのVATの標準税率は23％だが、電気代や水道代は6％の軽減税率の対象となっている。

ライフラインの料金高騰が国民生活を圧迫している現状を打開するためには、日本もライフラインの料金に軽減税率を適用するべきではないか。

また、化石燃料の消費に対して補助金を支給することは、脱炭素社会への移行を遅らせるといった弊害もある。

国際通貨基金（ＩＭＦ）が各国の石油製品や天然ガス、石炭などの消費・生産を対象にした直接補助金を集計したところ、２０２２年は約１兆３０００億ドルに上ることが明らかとなった。補助金は過去に比べて大幅に増加しており、化石燃料の価格が抑制されることによって化石燃料の消費が助長されている側面がある。

各国政府が直接補助金を廃止し、補正的な課税を行えば、当然のことながら、燃料価格は上昇するだろう。

しかし、ＩＭＦによると、燃料価格の上昇に直面した企業と家計は、消費や投資に関する意思決定の際に、環境コストを考慮するようになるという。その結果、世界の二酸化炭素（ＣＯ２）排出量が大幅に削減されて空気が清潔になる。肺や心臓の疾患が減少し、各国政府に財政余地を生み出すことにもつながるという。

## エネルギー価格の高騰で中小企業の収益環境が悪化

家計だけでなく企業も物価高によるコスト負担の増加に苦しむようになっている。コロナ禍からの回復期待やウクライナ情勢の緊迫化、円安進展などの影響を受けて資源エネルギーや原材料の国際価格が高騰しているためだ。

企業にとってみれば、エネルギーコストや原材料・仕入価格が上がっても、その分を商品やサービス価格に転嫁し、利益を出すことができれば経営上の問題はない。

しかし、多くの中小企業は、商品・サービス価格に転嫁することができずにいる。例えば、東京商工リサーチが2022年6月に行ったアンケートによると、中小企業の6割超がコスト上昇分の価格への転嫁ができておらず、経営にマイナスの影響を受けていることがわかった。

企業間取引（B to B）で価格転嫁ができない理由としては、中小企業の場合、下請事業者という立場上、価格交渉力に乏しい企業が多いことが挙げられる。

また、長期間にわたるデフレに慣れている消費者は値上げに対して敏感になっており、消費者向けの商品やサービス（B to C）は、そもそも価格転嫁が難しい状況だ。

このように中小企業の多くは元請けや消費者に対して商品やサービスの価格を上げにくい立場にあり、利益を削ってコスト上昇分を負担するという状況に陥りやすい。

帝国データバンクの調査によると、2022年に仕入価格上昇や取引先からの値下げ圧力などで価格転嫁できなかった「値上げ難」などにより発生した「物価高倒産」は2021年に比べて2・3倍に拡大した（図3-4）。業種別にみて、特に倒産が目立つのが建設業、運輸・通信業、製造業だ。価格転嫁が十分に進まない状況が続くなか、今後も物価高倒産は増加傾向で

図3－4　「物価高倒産」発生件数の推移

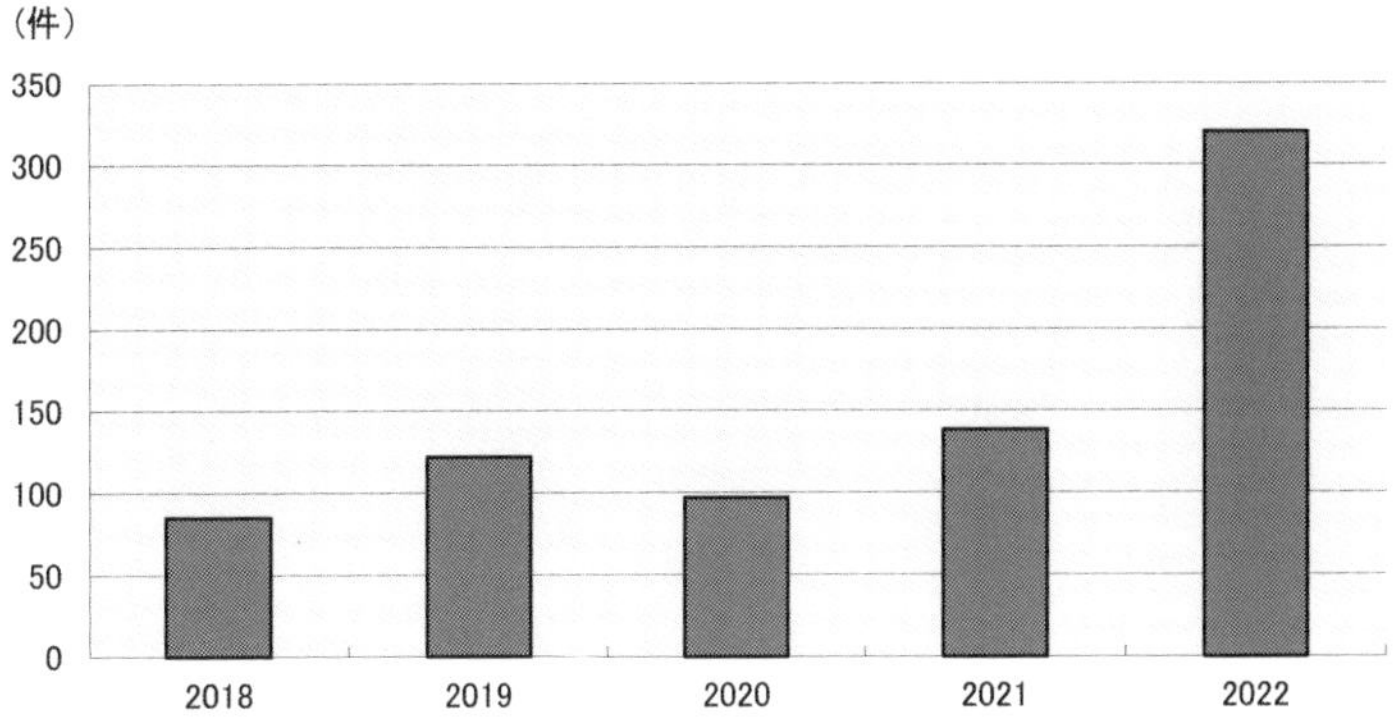


出所：帝国データバンク資料を基に筆者作成

推移すると予想される。

政府は、２０２２年3月と同年9月を「価格交渉促進月間」と設定して、下請け中小企業の価格転嫁を推進している。また同年10月には「物価高克服・経済再生実現のための総合経済対策」が閣議決定され、政府がエネルギーを供給する事業者を補助することで、電気やガス、ガソリンなどの料金を抑制する政策が打ち出された。

ただ、帝国データバンクの調査（２０２２年9月に実施）では、これまでの物価高に対する政府の政策に満足していない企業が全体の7割以上に達している。中小企業は、政府の支援を待つだけではなく、各自で物価高に対応していくことの重要性が高まっている。

物価高への対応策として有効なのは、やはりデジタルトランスフォーメーション（ＤＸ）の推進だろう。ＤＸが成功すれば、生産性が大きく改善するため、物価高で売上原価が増えても、利益を確保することが可能になる。またＤＸは、ペーパーレス化による用紙代・印刷代の節約などさまざまなコストの削減にも寄与するだろう。企業がＤＸ推進のための設備投資を行う場合には補助金・助成金を活用できる。

## テーマパークや遊園地、水族館にも値上げの波

エネルギー価格上昇の影響を受けて、全国各地のテーマパークや遊園地、水族館にも値上げの波が押し寄せるようになった。

例えば、年間80万人が訪れる三重県鳥羽市の「鳥羽水族館」では、水槽を美しく見せるために欠かせない照明などに使われる電気代が1年前と比べて4割も増加した（２０２２年）。また、水温を一定に保つためにボイラー室で使われる重油代も原油価格高騰の影響を受けて大幅に増加している。そのほか、トドやアザラシの飼料に使われるサンマの価格が2年前に比べて1.5倍に高騰しており、飼料代の負担も重くのしかかってきている（同年）。

このため鳥羽水族館は、２０２２年6月1日から入館料を大人で２８００円、子どもで１６００円とし、それぞれ３００円ずつ値上げすることを決めた。

また、静岡県裾野市にある「富士サファリパーク」においても、動物たちの飼料費や燃料価格が高騰していることを理由に、2022年6月1日から一部施設の入館料などを最大500円値上げした（入園料は従来どおりの価格に据え置き）。

一方、新潟県阿賀野市の遊園地「サントピアワールド」は、電気料金が2倍に値上がりしたことを受けて、2022年7月1日からチケット代を値上げした。サントピアワールドが同年の1年間で支払う年間の電気料金は、それまでの1820万円から3580万円へと2倍近くに跳ね上がった。

消費の性質上、テーマパークや遊園地、水族館は「生活必需品」ではなく「嗜好品」に分類される。嗜好品は、日常生活を送るうえで必要不可欠なものではないので、価格の変動によって日常生活が脅かされるリスクは小さいといえる。このため、嗜好品を値上げすると、人々は値上げに敏感に反応して、需要が大きく減少してしまう。

テーマパークなどで電気代や燃料代の値上がりを背景に、そのコスト上昇分を料金に転嫁すれば、入場者数が大幅に減少し、料金と入場者数の「積」である売上高が減少する可能性もある。

ただし、料金を値上げしても、創意工夫によって顧客満足度を高めることができれば、入場者数はそれほど減らず、売上高の増加を実現することも可能だ。

例えば、千葉県浦安市舞浜にある「東京ディズニーリゾート（ＴＤＲ）」は、１９８３年の開業以来、料金の値上げを繰り返してきた。「1デーパスポート」の料金についてみると、開業当時は３９００円であったが、価格変動制を採用している現在（２０２1年10月1日以降）は、土日祝日など人が集まりやすい曜日で最大９４００円と2倍以上に値上がりしている。２０２3年度には最繁忙期の料金がさらに値上げされた。

しかし、これだけ値上げを繰り返しているにもかかわらず、ＴＤＲの入園者数は減るどころか一貫して増加しているのだ。

これは、季節に合わせたイベントの開催や新アトラクションの導入など、ＴＤＲが値上げに見合うだけの顧客満足度を高めるサービスを提供してきたからにほかならない。

同様の傾向は、大阪府大阪市此花区にある「ユニバーサル・スタジオ・ジャパン（ＵＳＪ）」でもみられる。ＵＳＪの「1デイ・スタジオ・パス」の値段も年を追うごとに上昇しており、開園当初（２００1年）の５５００円から現在（２０２２年10月1日以降）は、価格変動制の最繁忙期の料金が９８００円と1万円近くまで値段が跳ね上がった。それでも顧客満足度を高めることによって入場者数は増加を続けている。

ＴＤＲやＵＳＪの価格戦略の成功事例から、料金の値上げがテーマパーク、遊園地、水族館の入場者数や売上高に及ぼす影響は、創意工夫によって顧客満足度をどれだけ高めることができるかにかかっているといえるだろう。

## 中東情勢の不安定化でガソリン価格にさらなる上昇圧力も

２０２３年10月7日早朝、パレスチナ自治区ガザを実効支配するイスラム組織ハマスが突如としてイスラエルに向けて数千発のロケット弾を発射してきた。同時にハマスの戦闘員８００～１０００人が境界のフェンス80カ所を破ってイスラエルに侵入して南部を襲撃、２００人以上の人質をガザに連れ去った。

ハマスは、今回の奇襲作戦を2年前から周到に準備してきたとみられ、イスラエルの対外情報機関モサドや米国の中央情報局（ＣＩＡ）は、事前に大規模な攻撃計画を把握することはできなかった。

イスラエルのベンヤミン・ネタニヤフ首相は、「戦争状態にある」としてガザ地区に激しい空爆を行った。２０２３年10月28日には、記者会見でハマスとの戦闘が「第2段階」に入ったと宣言し、地上戦を展開するようになった。イスラエル軍は、戦闘規模を段階的に拡大してハマスの壊滅を目指すとみられる。一方、ハマスは、徹底抗戦の構えをみせており、泥沼化の様相を呈している。

ガザで戦闘が始まった2023年10月7日から同年11月1日までの双方の死者数は1万人を超えたが、犠牲者は今後さらに増えていく可能性が高い。

イスラエルの地上作戦の拡大に対して、サウジアラビアやエジプト、イランなどは国際法違反であるとして強く非難しており、先行きイスラエルとアラブ諸国の対立へと発展していく恐れもある。

こうした中東情勢の不安定化は、原油価格の高騰につながりやすい。1973年の第一次石油危機時には、イスラエルとアラブ諸国による第四次中東戦争で産油国のサウジアラビアなどがイスラエルを支持する国々に対して原油の生産削減と禁輸措置をとったため、供給量は世界全体で7.5%減少した。需給バランスが悪化したことにより、原油価格の高騰を招いた。

今回のイスラエルとハマスの衝突では、今のところ戦闘は限定的なものにとどまっているため、原油の供給不安を背景とした原油価格の高騰は起きていない。しかし、今後の状況次第では、原油価格が高騰する可能性もある。

世界銀行の試算（2023年10月30日発表）によると、イスラエル軍とハマスの戦闘が、これ以上拡大することがなければ、原油の供給減は限定的なものにとどまり、原油価格は落ち着いた推移になるという。

しかし、戦闘が中規模に拡大する場合には、原油の供給量は3〜5%減少し、その影響で原油価格は1バレル＝109〜121ドルまで上昇する。さらに、戦闘が第四次中東戦争並みの大規模なものに拡大した場合、原油の供給量は6〜8％減少し、その影響で原油価格は1バレル＝140〜157ドルまで上昇する可能性があるという。

では、中東情勢が不安定化することで、日本経済にはどのような影響が及んでくるのか。日本は、国内で消費する原油の大半を海外からの輸入に頼っている。しかも、中東地域からの輸入割合が約88％と、中東依存度が非常に高い。

このため、イスラエルとハマスの戦闘拡大で、中東情勢が不安定化すれば、たちまち石油の安定供給が難しくなってしまう。しかも、外国為替市場では、為替レートが円安の方向に傾いているため、原油価格の上昇と相まって、国内のガソリン価格が高騰する恐れがある。

政府は、ガソリン価格を抑制するために2022年1月から石油の元売り会社に補助金を配り、卸値に反映させる形で販売価格の伸びを抑制しているが、中東情勢次第では、補助金政策のさらなる延長を余儀なくされる恐れもあるだろう。

# 第4章

# 諸外国のエネルギー戦略

## トランプ政権とバイデン政権で180度変わった米国のエネルギー政策

第4章では、諸外国のエネルギー政策を概観していく。各国のエネルギー戦略を詳細に分析することを通じて、日本がとるべきエネルギー政策の方向性について有意義なインプリケーションが得られるだろう。

まずは、米国のエネルギー政策からみていこう。米国のエネルギー政策は、トランプ政権時代（2017年1月20日～2021年1月20日）とバイデン政権時代（2021年1月20日～）で180度転換している。

トランプ政権時代からみていくと、トランプ大統領は、国産の化石燃料を重視し、脱炭素化を否定する立場をとった。大統領に就任するとただちに、オバマ前政権が策定した地球温暖化対策の見直しに着手し、州政府に火力発電所の$CO_2$排出量削減を義務づけた「クリーンパワープラン」を廃止した。また、2016年11月には、地球温暖化対策の国際的な枠組みである「パリ協定」からの離脱も表明した。さらに、2018年には航空宇宙局（NASA）の温室効果ガス調査活動予算を削減した。

国産の化石燃料を重視するトランプ政権が特に力を入れていたのが、シェールガスやシェールオイルといったシェール資源政策だ。

シェール資源は、「頁岩」と呼ばれる堆積岩の層から採取される化石燃料のことだ。採掘には非常に高度な技術を要するため、1990年代まではほとんど生産されることがなかったが、2000年代に入って採掘技術が確立すると、生産量が爆発的に拡大するようになった。米国は、シェールガスの推定埋蔵量こそ665兆立方フィートで世界第4位にとどまるが、シェールガスの採掘・生産量は突出しており、世界生産の99・9％が北米地域に集中する。

シェールガスの最大のメリットは、石炭・石油・天然ガスなど従来の化石燃料に比べて割安な点だ。米国では、シェールガスを燃料に使うことでエネルギー関連産業の成長、生産コストの低下による製造業の国際競争力の高まりといった効果が確認され、「シェールガス革命」と呼ばれるエネルギー構造の大変革を巻き起こすことになった。

米国のマッキンゼー・アンド・カンパニーの試算によると、シェールガス革命によって米国の国内総生産（GDP）は2020年まで毎年プラス2％からプラス4％押し上げられ、約170万人の新規雇用が創出されたという。

トランプ政権時のシェール資源政策によって、米国はエネルギー資源輸入国からエネルギー資源輸出国へと変貌を遂げた。

しかし、2020年の大統領選挙でトランプ氏が敗れ、2021年にバイデン大統領が就任すると、米国のエネルギー政策は一変する。バイデン大統領は、就任早々に「パリ協定」への復帰を宣言するなど、脱炭素を目指すクリーンエネルギー政策を掲げている。

具体的には、２０３０年までに温室効果ガス排出量を２００５年対比で50～52％削減、そして、２０５０年には実質ゼロにする目標を打ち出している。

バイデン大統領は、２０２1年1月20日の大統領就任早々（就任からわずか数時間後）、カナダの油田と米国のメキシコ湾岸の製油所を結ぶ石油パイプライン「キーストーンXLパイプライン」の建設認可を取り消した。キーストーンXLは、２０１５年に当時のオバマ大統領が環境保護の観点から建設を却下したが、２０１７年にトランプ前大統領が就任直後にこれを覆して認可していたものだ。

また、バイデン大統領は、２０２1年11月15日に米国の超党派による「インフラ投資・雇用法」を成立させた。インフラ投資・雇用法は、バイデン大統領自身が「一世一代」の大型財政支出と位置づけており、総額1兆２０００億ドル（約１６３兆円）の投資をして、道路、港湾、鉄道など老朽化した各種のインフラを刷新するとともに、クリーンエネルギーの未来に向けた開発・整備などが行われる。

クリーンエネルギーの分野については、ＥＶの充電設備を全国に50万基建設するために75億ドル（約1兆１６３億円）の巨額投資を行うことが決まった。また、２０２２年12月には、クリーン水素の技術開発支援にインフラ投資・雇用法から7億５０００万ドル（約１０１６億円）が充当されることが決まった。

さらに、バイデン大統領は、２０２２年8月16日に「インフレ抑制法」を成立させ、今後10年間で３６９０億ドル（約50兆円）の投資を行うことを決定した。インフレ抑制法は、過度な物価の上昇（インフレ）を抑制すると同時に、エネルギー安全保障や気候変動対策を迅速に進めることを目的としている。

インフレ抑制法の予算の4割強に当たる１６０３億ドル（21兆７２００億円）がクリーンエネルギーの分野に充てられる。

まず、太陽光や風力などの再生可能エネルギー、そして再生可能エネルギーを有効活用するための蓄電池、ＥＶの開発や生産への補助金として６００億ドル（約８・１兆円）以上を投資する。さらに、その一環として全米50州の7・5万マイル（約12万キロ）にわたる州間高速道路網に超急速充電器を整備する。これにより、２０３０年には新車販売台数に占めるＥＶのシェアを50％以上まで引き上げることを目指す。

バイデン大統領は、インフレ抑制法成立から1年が経過した２０２３年8月16日、インフレ抑制法によってすでにクリーンエネルギー関連で17万人の雇用が創出され、先行き10年間で約１５０万人の新規雇用が期待できるとともに、米国の温室効果ガス排出量を著しく減らせることができると説明した。

このようにバイデン政権は、トランプ政権時代に遅れをとったクリーンエネルギー政策に注力し、その遅れを取り戻そうとしている。

## 原子力発電の拡大を急ぐ英国

次に、英国のエネルギー政策をみていこう。英国は、テレーザ・メイ政権時の2019年6月、2050年までに温室効果ガスの排出量をゼロ（ネット・ゼロ）にする目標を発表した。

それまで英国は、温室効果ガスを2050年までに1990年対比で80％以上削減することを目標に掲げていたが（気候変動法2008）、今回の発表は、それを改正したものであり、2050年までのカーボンニュートラルを法制化したのは、先進国では初めてのことだ。

ただし、2022年2月にロシアのウクライナへの軍事侵攻が始まったため、今度はエネルギー安全保障をどうするかが重要な課題として浮かび上がってきた。

そこで、英国政府は、ウクライナ危機が発生して間もない2022年4月、新たに「英国エネルギー安全保障戦略」を発表した。

その内容は、脱炭素化とエネルギー安全保障の両立および推進を目指すというもので、短期的には、ロシア産の化石燃料への依存度を下げるために国内での石油・天然ガスの生産を拡大する。

また、中長期的には、風力、太陽光といった再生可能エネルギーや原子力、水素の開発を加速させて脱炭素化を目指すというものだ。

この英国エネルギー安全保障戦略で特に力点が置かれているのが、原子力発電の拡大である。この戦略では、原子力を「信頼性が高く、大規模発電が実証された唯一の低炭素電源」と位置づけている。

英国の2020年時点の総発電量に占める原子力発電の割合は16・2%であったが（図4-1）、原子力発電所の新規建設を進めて2050年には25%まで引き上げる。2050年の原子力発電容量は2400万キロワットに達する見込みだ。

現在、国内で稼働中の原子力発電所は2030年代半ばには、そのすべてが操業期間を終えて停止する可能性が高いため、2030年までに最大8基（SMRを含む）の原子力発電所の建設を承認して、停止の影響で減少する発電量をカバーする。

英国政府は、原子力発電プロジェクトの確実性を高めるため、新規の原子力発電所の建設に、「規制資産ベース（RAB：Regulated Asset Base）モデル」と呼ばれる新たな資金調達手法を適用することを決めた。

RABモデルで建設資金を調達する場合、事業者は建設工事の初期段階から平均的な世帯の

図４－１　主要国の電源別発電電力量の構成比（2020年）

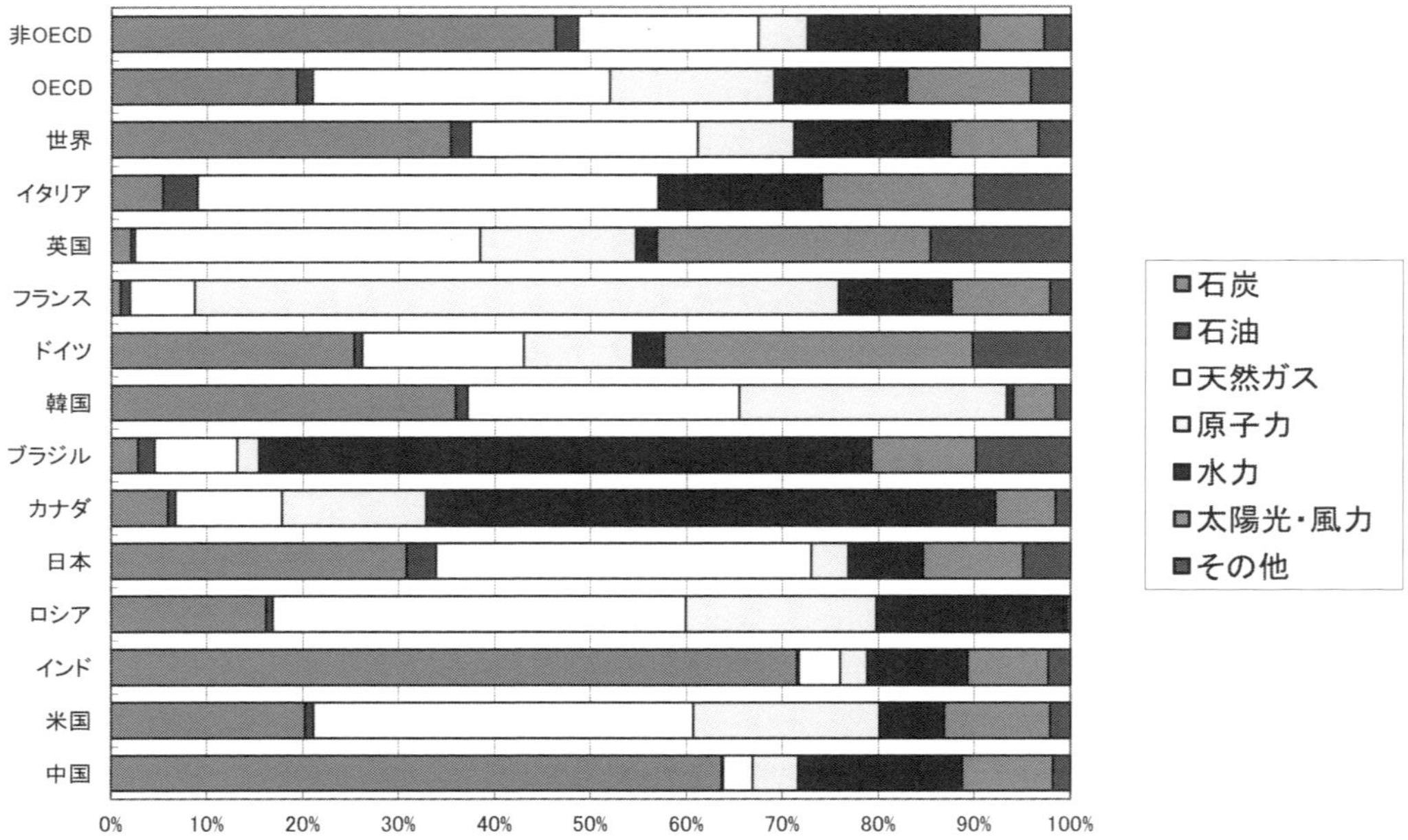


出所：IEA『world energy balances 2022』を基に筆者作成

年間の電気代に数ポンドを上乗せできる。また、本格的な建設期間中は、月平均1ポンド（約162円）が徴収できる。これによりプロジェクトの確実性が高まり、最終的には消費者の電気代が削減されるというメリットがある（原子力発電所の稼働によって電気代が安くなるため）。

英国東部のサイズウェル近郊で建設が計画されているサイズウェルC原子力発電所の建設にこのRABモデルが初めて適用された。

2022年11月には、英国政府がサイズウェルC原子力発電所の建設に6億7900万ポンド（約1120億円）を出資すると発表した。政府が原子力プロジェクトに出資をするのは、1987年のサイズウェルB発電所以来のことだ。

## 「原子力ルネサンス」を宣言したフランス

フランスは、日本と同様、石油や天然ガスといった化石燃料資源に恵まれておらず、国内で必要とする化石燃料の大半を海外からの輸入に頼っていた。

1973年の第一次石油危機でエネルギー価格の高騰に直面したことを契機に化石燃料を海外からの輸入に頼るエネルギー政策の見直しが行われ、エネルギー自給率を高める目的で原子力の開発に注力するようになった。

ＩＥＡのデータによると、２０２０年におけるフランスの発電電力量のうち67・１％が原子力発電によって占められており、現在、フランスは米国に次いで世界第2位の原子力発電大国となっている（前掲、図4-1）。原子力発電の増加に伴って１９７０年代初頭には20％台にとどまっていたエネルギー自給率は、２０２０年の段階で55・３％と50％を超える水準に達した。

１９９０年代以降、欧州各国は、温室効果ガスの削減に本格的に取り組むようになったが、フランスは、もともと$CO_2$排出量がゼロの原子力発電が主流になっていたため、京都議定書による$CO_2$排出量の削減目標はゼロであった。

フランスは、２０００年代以降も原子力発電重視のエネルギー政策をとってきたが、福島第一原子力発電所事故後の２０１２年に政権に就いたオランド社会党政権（２０１２〜２０１７年）は、エネルギー政策として「エネルギー移行」を掲げて、サルコジ前政権時代から進められてきた再生可能エネルギー開発、省エネ推進に加えて、電源多様化の観点から原子力発電比率の低減、国内で最も古いフェッセンハイム原子力発電所の閉鎖などの政策を打ち出した。

２０１５年には「エネルギー移行法案」が可決・成立した。その内容は、温室効果ガスの排出量を２０３０年までに１９９０年対比で40％削減するというものだ。また、総発電量に占める原子力発電の比率（当時75％）を２０５０年までに50％の水準に引き下げる。その一方、再生可能エネルギーの比率は２０３０年までに32％まで引き上げる。

潮目が変わったのは２０２２年2月だ。ロシアのウクライナへの軍事侵攻が現実味を増していた同月10日、フランス政府は原子力発電重視の姿勢を明確にした。米国ゼネラル・エレクトリック（ＧＥ）のフランス東部ベルフォール工場を訪問したマクロン大統領は、「２０１１年の福島第一原子力発電所事故後、世界的に原子力の氷河期であった」としたうえで、「フランスは原子力ルネサンスを成し遂げる」と宣言した。

具体的には、２０５０年までにカーボンニュートラルを達成するための重要な取り組みの一環として、国内で少なくとも原子力発電所6基を稼働させる。さらに8基の新設を検討する。ＳＭＲについても開発を目指すという。

フランス政府は、国内での原子力発電所新設とともに国外輸出にも注力する方針だ。これまでフランスは、原子力発電所9基（中国に6基、韓国に2基、フィンランドに1基）を輸出してきたが、今後は、ロシア製の原子力発電所を敬遠しているポーランドなど中欧諸国に商機を見出そうとしている。２０２３年1月には、ポーランドのリスペクト・エナジーとフランス電力（ＥＤＦ）が、ＥＤＦが開発しているフランス製ＳＭＲのポーランド国内での共同建設に向けて協力協定を締結した。

あわせて太陽光や風力発電所の増設計画も打ち出している。太陽光発電の導入量は２０５０年までに現在の10倍まで引き上げ、洋上風力発電所を50カ所設置する予定だ。

## 再生可能エネルギーと原子力発電の導入を進めるカナダ

G7の一角を占めるカナダは、他の先進国と同様、2050年までのカーボンニュートラルの実現を目標に掲げている。また、電力部門については、2035年までのカーボンニュートラル達成を目標としている。カナダは脱炭素化に向けて、再生可能エネルギーと原子力発電所の導入を進めている。

カナダは、発電に利用できる起伏の激しい河川が多いということもあって、再生可能エネルギーの中では水力発電の導入が圧倒的に多い。実際、IEAのデータによって、2020年におけるカナダの発電電力量の内訳をみると、59・3%が水力発電となっている（前掲、図4-1）。

ただ、注意が必要なのは、カナダ全体の電源構成は連邦政府の政策を反映したものではないという点だ。

カナダでは、それぞれの州政府が独自にエネルギー政策を打ち出しているため、電源構成が州によって大きく異なる。

マニトバ州、ニューファンドランド・ラブラドール州、ケベック州では、発電量の9割以上が水力発電になっている。特にケベック州には多数の水力発電所があり、すでに1970年代から水力発電が発電量の9割を占めていた。

プリンス・エドワード・アイランド州は、周囲を海に囲まれて風が強いという地理的条件を活かして風力発電が盛んで、州の発電量の98％が風力発電で占められている。

一方、原子力発電についてみると、現状、原子力発電はカナダの発電電力量の15・1％を占める（前掲、図4-1）。

原子力発電が盛んなのはオンタリオ州で、州の発電量の56・8％を占める。カナダの原子力発電所はオンタリオ州に集中していることから、カナダ全体の原子力発電所への取り組みにはオンタリオ州のエネルギー政策が大きく影響する。オンタリオ州は、原子力発電所の導入に積極的であり、2023年7月には、州内で約30年ぶりとなる大型炉（最大480万キロワット分）をブルース原子力発電所で建設することを発表した。

カナダは、ウラン資源が豊富であるため、これまで天然ウランの燃料を使って重水を冷却材とする独自の重水減速・重水冷却型発電用原子炉（CANDU炉）を開発・建設してきた。CANDU炉は、カナダ国内のすべての原子力発電所に導入されており、アルゼンチン、中国、インド、パキスタン、ルーマニアにも輸出している。

## 原発推進に舵を切ったオランダ

オランダ政府は、2040年までにカーボンニュートラルを達成することを目標に掲げているが、これまでは他の欧州諸国に比べて再生可能エネルギーの導入が遅れ気味であった。オランダの総発電量に占める再生可能エネルギーの割合は、2020年の段階で26・5%とEU平均の38%を大きく下回る。

オランダで再生可能エネルギー導入が進まなかったのは、そもそもオランダの国土面積が小さく、大規模な再生可能エネルギー発電所を建設することが難しいということがある。また、オランダ北部のフローニンゲン州には欧州最大級のフローニンゲン・ガス田があり、これまでは、このガス田で産出する天然ガスを主要なエネルギーとしていたという事情もある。

ただ、フローニンゲン・ガス田については、大規模なガスの採取に伴って地下に巨大な空洞が生じるなどして地域一帯に群発地震が発生しており、家屋が損壊するなどの被害を受けた地元住民からガス田の閉鎖を求める声が強まっていた。

オランダの調査によると、オランダがガスの生産量を倍増した2000年以降、地震発生頻度が大きく高まったという。フローニンゲン州では、1991〜2000年の期間は110回の地震が発生したが、2000〜2013年の期間は500回以上に増加した。2018年1

月には、ガス田周辺において過去5年間で最大となるマグニチュード3・4の地震が発生した。

オランダ政府は、ガス田開発による地震発生のリスクに鑑みて、2014年1月からガスの生産量を縮小するようになった。2018年3月には、ガス生産を大幅に縮小して、2030年までにガス田を完全に閉鎖する計画を発表した。

フローニンゲン・ガス田の生産を縮小することで不足した分の天然ガスは、ロシア産を輸入して、国内のエネルギー需要を満たした。オランダは、ガス田の生産縮小により国内で消費する天然ガスの15%をロシア産に頼ることになった。

しかし、タイミングの悪いことに、ロシア産の天然ガスの輸入を増やしている最中、ロシアのウクライナへの軍事侵攻が始まってしまった。ロシアのガスプロムは、ガス代金をロシアの通貨ルーブルで支払うように要求したが、オランダのエネルギー関連企業がこれを拒否したため、ガスプロムはオランダへのガス供給を停止する措置に踏み切った。このため、オランダはエネルギー政策の転換を余儀なくされたのである。

2022年6月20日、オランダ政府は、ロシア産天然ガス依存度を下げるため、一時的に石炭火力発電の利用を増やす方針を発表した。脱炭素に向けて石炭火力発電所の稼働率は35%に抑えていたのだが、この制限を解除した。同時に、北海大陸棚での天然ガス田掘削を進めることにした。このような措置により、短期的には化石燃料を使ったエネルギー供給を増やすが、中長期ではエネルギーの脱炭素化を進めていく方針だ。

オランダは、中長期的に洋上風力発電など再生可能エネルギーの開発・導入に力を入れるが、原子力もクリーンエネルギーのひとつとして活用していく方針だ。原子力発電については、国内唯一の原子力発電所となるボルセラ発電所があるが、1973年に運転を開始しており、老朽化が進んでいる。このため、ボルセラ発電所の運転期間を延長するとともに、原子炉2基を新設する予定で、このための予算として2025年まで合計5億ユーロ（約726億円）を計上している。2022年12月9日には、原子力発電所2基の建設候補地として南西部のゼーランド州ボルセラを選定した。

## 洋上風力発電に注力するドイツ

ドイツのエネルギー政策は、原子力発電に頼ることなく、再生可能エネルギーだけで脱炭素化を実現するというものだ。

ドイツは、福島第一原子力発電所事故を受けて、原子力発電所のリスクを見直し、よりリスクの少ない再生可能エネルギーに代替すべきとの結論に到達した。

福島第一原子力発電所の事故直後には当時のメルケル政権が「原子力モラトリアム」を発令

図4－2　ドイツの風力発電電力量の推移

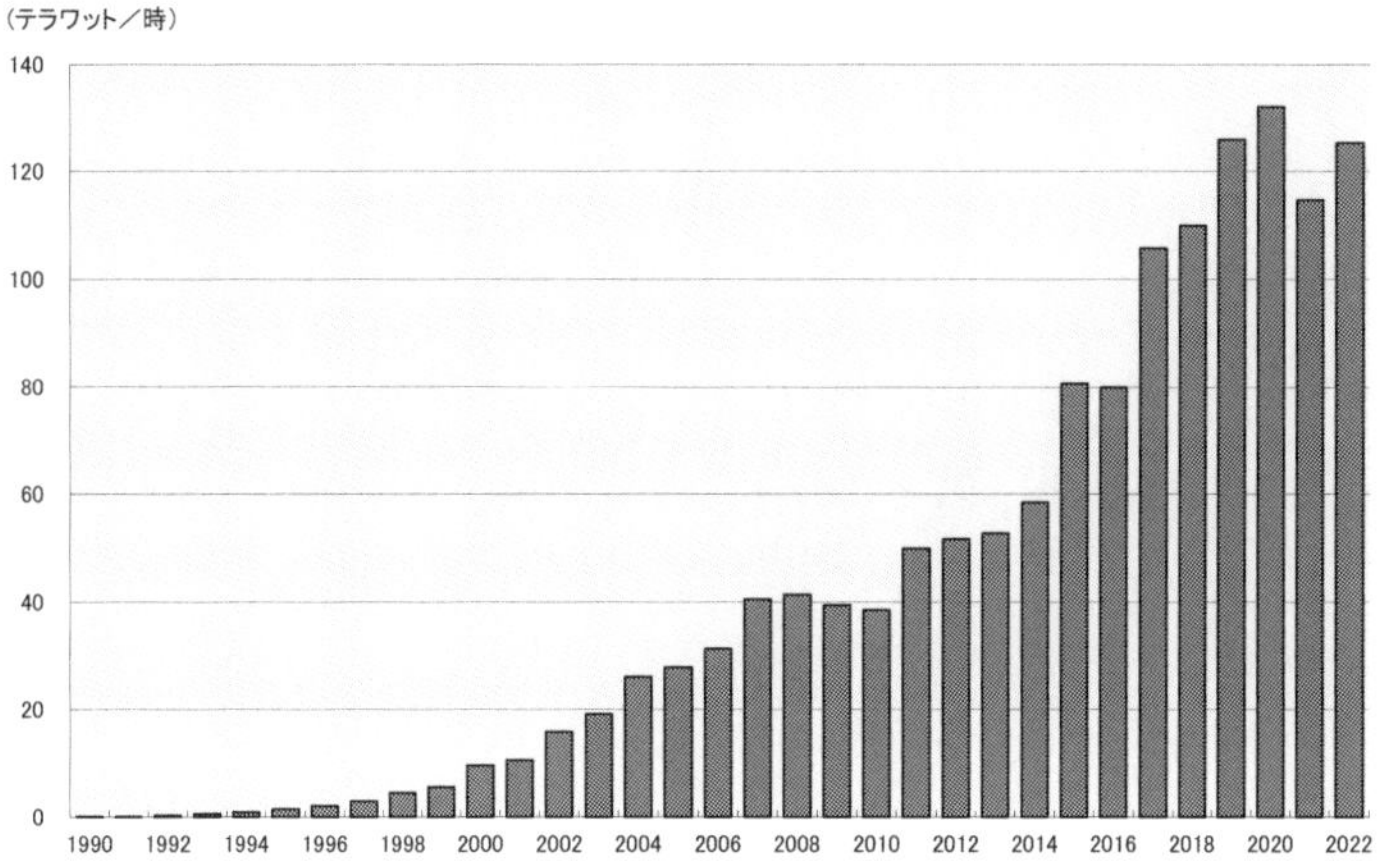


出所：BP資料を基に筆者作成

し、1980年以前に運転を開始していた原子力発電所7基を即時停止にした。

さらに2011年8月には「脱原発法」が成立し、停止していた原子力発電所を含む全17基を2022年末までに閉鎖することが決まった。

その後、段階的に廃炉が進められてきたが、2022年のウクライナ危機によりエネルギー不安が高まるようになったため、同年9月に、脱原発の完了時期を2023年4月まで先送りすることを決めた。同月15日には、最後の原子力発電所3基が止まり、脱原発が完了した。

今後は、再生可能エネルギーだけで脱炭素化を進めていくことになる。ドイツ政府は、2022年3月に「再生可能エネルギー法」の改正案をまとめた。それによると2035年までに総電力消費に占める再生可能エネルギーの

図4－3　ドイツの家庭用電気料金の推移

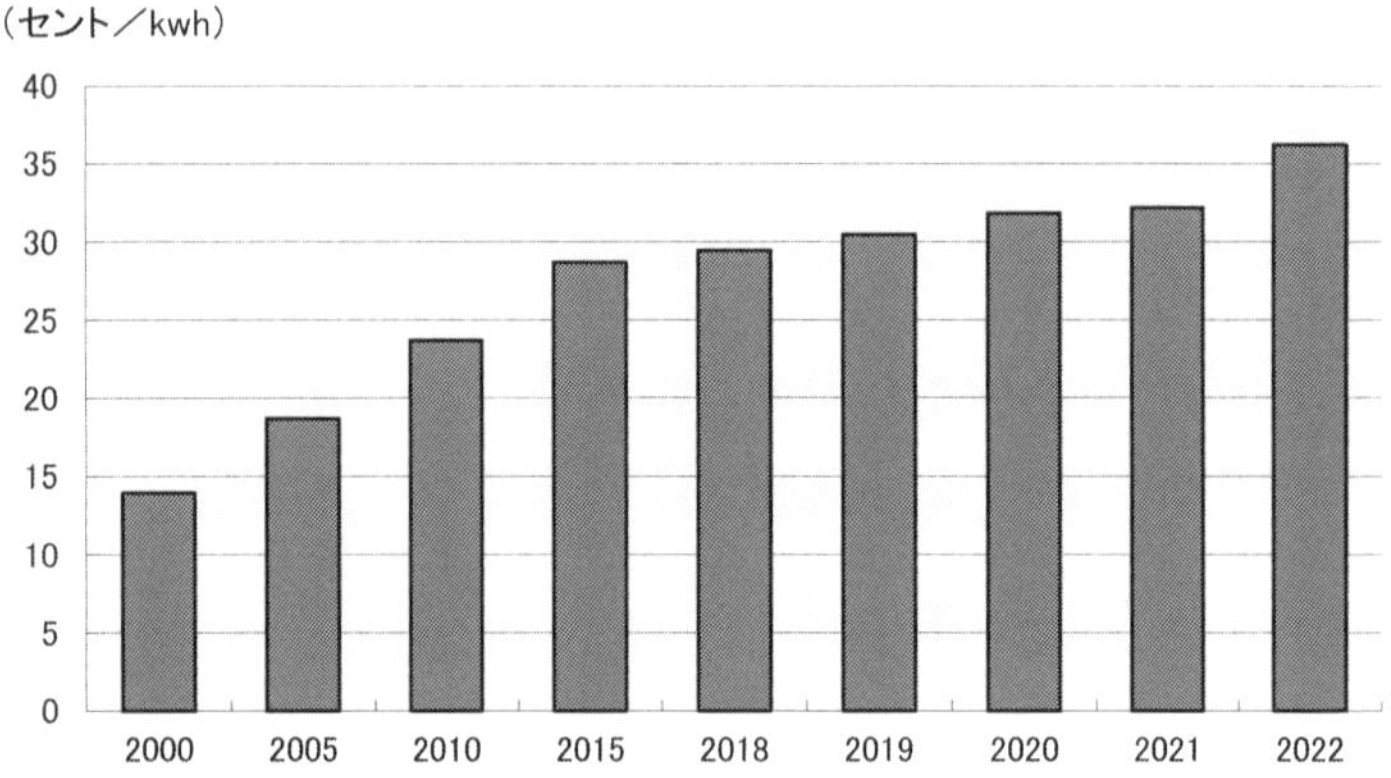


出所：ドイツ連邦エネルギー・水道事業連盟資料を基に筆者作成
（注）3人家族、年間消費量3500kWhの場合の平均

割合を１００％まで高めることを目標としている。

ドイツは、各種の再生可能エネルギーの中でも、とりわけ洋上風力発電の拡大に注力している。図4-2には、ドイツにおける風力発電量の推移を示しているが、２０００年代に入ってからハイペースで拡大している様子がわかる。２０２２年の発電量（１２５・３テラワット時）は２０００年時点（９・５テラワット時）に比べて14倍の規模に膨らんでいる。

２０２１年時点でドイツの電力消費量の43％が再生可能エネルギーで占められたが、再生可能エネルギーの約半分は風力発電で賄われている。ただ、再生可能エネルギーの普及を急ぎ過ぎた結果、ドイツの家計は、世界で最も高い電気代を支払わなくてはならなくなった。

ドイツは、再生可能エネルギーによる発電を急スピードで拡大させるために、送電会社に対して、太陽光や風力発電による電力を一般電力よりも高い価格で20年間にわたって買い取ることを義務づけた。買取価格と一般電力の差額は再生可能エネルギー賦課金として電力消費者に転嫁されるため、再生可能エネルギーによる電力が増加するに伴って、電気料金が上昇してきたのだ。図4-3に示したとおり、ドイツの家庭用電気料金は、2020年から2022年までの間に2・6倍に膨らんでいる。

電気料金高騰による家計の負担増を抑えるために、賦課金という方式は2022年で廃止され、政府が直接補助する形に変わった。ただ、補助金の原資は国民の税金になるため、結局、負担するのが電気利用者から国民に変わっただけということができる。

## 再生可能エネルギーだけで脱炭素化を目指すイタリアとオーストリア

イタリアは、再生可能エネルギーだけで脱炭素化の実現を目指している。というのも、原子力発電がゼロだからだ。

イタリアでは、1973年の第一次石油危機をきっかけに石油の輸入依存度を減らす目的で原子力発電の開発が進められたが、1986年に発生したチェルノブイリ原子力発電所事故によって、その安全神話が崩壊し、1987年に実施された国民投票の結果を受けて廃止されることが決まった。1988年に生産量はゼロとなり、1990年までにイタリア国内にあったすべての原子力発電所が閉鎖された。

その後、2008年に発足したベルルスコーニ政権は原子力発電の再開を試みたが、2011年3月11日、今度は福島第一原子力発電所事故が発生した。このため、国民投票では9割以上が原子力発電所の建設反対にまわり、新たな国家エネルギー戦略から原子力発電の選択肢は完全に排除されることとなった。

原子力発電所の建設ができないので、イタリアは再生可能エネルギーの開発を加速させることでカーボンニュートラルの実現を目指している。

再生可能エネルギーの中では太陽光発電の導入が急ピッチで進んでいる。イタリアの場合、太陽光発電システムの多くが、住宅や小規模商業施設などの屋根上に設置されるという特徴がある。2019年には北イタリア地域のスーパーマーケット21店舗における屋根上への太陽光発電設置プロジェクト「プロジェクトF」が実施された。

そのほか、従来から力を入れていた水力や風力発電の導入も進めているが、2020年時点のイタリアの電源構成をみると、天然ガスを中心とした化石燃料がまだ全体の57・0%を占めており、2050年までにカーボンニュートラルを達成することは難しい状況といえる。

欧州中部に位置するオーストリアも再生可能エネルギーをフル活用することで脱炭素化を実

現しようとしている。

当初は、輸入に頼らず自国で電力を確保するために原子力発電所の建設が進められたが、やがて原子力発電の安全性に関する国民の懸念・不安が広がるようになり、原子力発電所の建設予定地で住民の反対運動が起こるようにもなった。

1978年11月5日に実施された国民投票では、原子力発電所の建設反対派が多数を占めたため、政府は脱原発へと舵を切るようになった。

多くの先進国が2050年にカーボンニュートラルを実現することを目指しているのに対して、オーストリアは、10年早い2040年までに温室効果ガス排出実質ゼロにするという野心的な目標を打ち出しており、欧州で100%再生可能エネルギーを生産する先駆者となるべく、さまざまな施策を実施している。

オーストリアは、再生可能エネルギーの中でも水力発電への依存度が高く、水力発電は発電電力量の57・9%と6割近くを占める。

これほど水力発電事業が盛んなのは、ドナウ川やライン川など豊かな河川が数多くあるからだ。現在、オーストリア国内には3000カ所を超える水力発電所があり、得られた電力は国内消費に回されるだけでなく、余剰となった分については他国に輸出もしている。

ただ、これまでの水力発電所の建設ラッシュにより、自然環境への負荷が高まり、水力発電のみに依存したエネルギー戦略は限界に近づいている。

今後は、太陽光発電など水力発電以外の再生可能エネルギーのウエイトを高めていく方針だ。

## 脱炭素・脱原発で2050年のカーボンニュートラル実現を目指すスイス

スイスのエネルギー政策は、イタリアと同様、脱炭素、脱原発を進めながら再生可能エネルギーだけで2050年までのカーボンニュートラル実現を目指すというものだ。

スイスでは、旧ソ連のチェルノブイリ原子力発電所事故後に行われた国民投票の結果により原子力発電所の新設が1990年から10年間凍結されることが決まった。その後、2003年に行われた国民投票では、凍結の延長が否決され、原子力発電所の建て替えプロジェクトが進められることになった。

しかし、福島第一原子力発電所事故後、スイス政府は、エネルギー転換を目指す「新エネルギー法」を策定し、2017年には、新エネルギー法の是非を問う国民投票が行われ、賛成58・2%、反対41・8%で可決された。

新エネルギー法では、スイス国内で稼働していた5カ所の原子力発電所を段階的に停止しながら、改修や新設を禁じる。2019年にミューレベルク原子力発電所が永久閉鎖しており、現在は4カ所の原子力発電所が総発電量の33%を供給しているという状況だ。これらの原子力発電所も2050年までにすべて閉鎖される。

原子力発電所の代替エネルギーとして再生可能エネルギーの導入を急ぎ、2035年までに、水力や風力、太陽光、バイオマスなど多様な再生可能エネルギーを組み合わせる「エネルギー・ミックス」にする。

また、2035年までに1人あたりのエネルギー使用量を2000年対比で35%減らす省エネを推進し、エネルギーの消費量を抑えていく方針だ。

多様な再生可能エネルギーの中で、特にスイスが注力しているのが水力発電で、2022年7月には、バレー州ナン・ド・ドランス水力発電所（揚力発電所）が稼働した。この発電所の発電能力は900メガワットで、グラールス州のリンタール発電所（発電能力1000メガワット）に次いで大きい。

スイス電力会社連盟は、ナン・ド・ドランス水力発電所を活用すれば、将来的により多くの再生可能エネルギーを貯蔵し、不足時に放出できるとしている。

## 再生可能エネルギーだけでカーボンニュートラルの実現を目指すデンマーク

北欧のデンマークは、２０５０年までにカーボンニュートラルを達成することを目指している。また、中間目標として２０３０年までに電力の再生可能エネルギー１００％を実現するとともに、エネルギー消費全体の55％を再生可能エネルギーで賄う方針を打ち出している。

かつてのデンマークは、現在の日本と同様、エネルギーの自給率が極めて低く（１９７３年のエネルギー自給率はわずかに１・８％）、国内で使用するエネルギーの９割を中東から輸入する石油に頼っていた。しかし、１９７３年の第一次石油危機を経験して、エネルギー政策の大転換を図るようになった。

石油危機などの影響を受けないようにするために、エネルギー自給率を高めることにまい進していったのだ。

具体的には、省エネを進めると同時に風力やバイオマスといった再生可能エネルギーの開発・導入を進めていった。また、原子力発電所の建設も計画された。しかし、原子力発電所の導入については、その安全性や放射性廃棄物の処分問題などを巡って国民の反対運動が盛んになったことから、１９８５年にデンマーク議会で原子力発電所の永久放棄が決議された。

原子力発電所の選択肢はないので、デンマークは、再生可能エネルギーだけで脱炭素化を実現することになる。

ただ、デンマークの場合、人口規模が約590万人で、もともと温室効果ガスの排出量がそれほど多くないこと、また、すでに現時点で発電量の5割以上が風力や太陽光といった変動性再生可能エネルギーで占められていることなどから、再生可能エネルギーのみで2050年のカーボンニュートラルを達成することは十分可能とみられる。

再生可能エネルギーの中で中心となっているのが風力発電であり、現状、総発電量の47%が風力発電で占められる。

なぜデンマークで風力発電が盛んになったかといえば、デンマークは、地形が平坦で年間を通じて適度な強さの風がある一方、落雷や地震などの自然災害が少ないため、風力発電の導入に向いていたという事情がある。また、風力発電を普及させるために政府が風力発電施設建設費の30%を補助するなど資金面でのサポートを充実したことも、早い段階で風力発電が普及する要因になった。

デンマーク国内には現在、約4200基の陸上風車があり、630基の洋上風車がある。デンマークの風力発電の発電能力は年々高まっており、風力発電量が国内の電力需要全体を上回る場合もある。デンマークで余剰となった電力は、ドイツやノルウェー、スウェーデンといった近隣諸国に輸出されている。

## 原子力発電所を活用して脱炭素化を目指すスウェーデン

北欧のスウェーデンでは、他の先進国よりも5年早い２０４５年までにカーボンニュートラルを実現することを目指している。

化石燃料の代替エネルギーは、水力をはじめとする再生可能エネルギーが中心になるが、再生可能エネルギーに加えて原子力発電所も活用するかどうかについては、近年、方針が二転三転する傾向にある。

原子力発電所活用の方針が定まらないのは、スウェーデンでは政党によって原子力発電所に対する考え方が大きく異なり、政権が交代するたびに原子力発電所の扱いに変更がみられるからだ。

原子力発電所の扱いを時系列で追っていくと、２００６年10月に発足した穏健派を中心とする中道右派政権は、２０１０年に原子力発電所を積極的に活用していく方針を打ち出した。

その8年後、２０１４年10月に社会党を中心に発足した中道左派連立政権は、前政権とは打って変わって「脱炭素」・「脱原発」をエネルギー政策の目標として掲げた。

しかし、２０２２年10月に発足した中道右派連合の新政権は、再生可能エネルギーだけではなく、原子力発電所を活用しながら脱炭素化を実現しようという考えだ。

そのため、エネルギー政策の目標を前政権（中道左派連立政権）が打ち出していた「再生可能エネルギー100％のエネルギー供給システム」から「非化石燃料100％のシステム」へと変更した。

スウェーデンでは、現在6基の原子炉が稼働しており、原子力発電所による発電量は同国内の総発電量の3割程度を占める。新政権は、国内の電力需要が2045年には今の2倍に膨らむと予想しているため、再生可能エネルギーだけでなく原子力発電所も大幅に増やしていく必要があるとの判断に基づいて、2026年までの政権期間中、原子炉の研究開発や新規原子炉の建設などに合計4000億クローナ（5兆3600億円）を投資する計画だ。

ただし、スウェーデンの「環境法」は、①新たな原子力発電所の建設を禁止する、②同時に運転可能な原子炉の基数は全国で10基までとする、③閉鎖済み原子炉の再稼働は禁止するなど、原子力発電所について厳しく規制している。

この条項があると、原子力発電所の活用に支障が出てくるため、新政権は、原子力発電所に関する改正法案を議会に提出し、環境法の原子力発電所に関する条項を削除した。

## 政権交代で脱炭素化に舵を切った豪州

さまざまな資源に恵まれている豪州では、石炭も豊富に産出し、その可採埋蔵量は、米国、ロシアに続いて世界第3位を誇る。そのため、これまでの豪州の電源構成は、石炭火力発電が過半を占めていた。

しかし、世界的に脱炭素化の動きが強まるなか、近年では、豪州でも脱炭素戦略が打ち出されるようになった。

世界的な脱炭素化の流れに遅れをとっていた豪州が強力な脱炭素戦略を打ち出すことになったきっかけは、２０２２年5月21日に実施された連邦議会総選挙だ。選挙の結果、２０１３年以来9年ぶりに政権交代が実現した。新たに誕生した労働党のアンソニー・アルバニージー政権は、野心的な脱炭素政策を掲げて世界各国の注目を集めた。

その内容は、発電電力量に占める再生可能エネルギーの比率を現在の30％程度から２０３０年度までに82％に高めるというもの。これは、ドイツの掲げる２０３０年までに80％という数値目標を超える世界最高値だ。また、石炭火力発電所は、２０４０年までにほぼ廃止する方針を打ち出している。

カナダと同様、豪州も州単位で独自のエネルギー政策を展開している。多くの州は、太陽光発電と風力発電の導入を進めているが、南豪州では、グリーン水素（再生可能エネルギーによって水を電気分解して作る水素）による発電を目指している。州政府は、5億9300万ドル（約806億円）の予算を投じて、2025年12月までにグリーン水素の発電施設を建設する予定だ。この発電施設が稼働すれば、200メガワットの発電が可能になるという。水を電気分解するために使用する再生可能エネルギーは太陽光と風力発電になる。将来的には、グリーン水素を日本、韓国、ASEANにも輸出していく。

豪州では、原子力発電が法律によって禁止されているため、各州の脱炭素化は再生可能エネルギーのみで達成することになる。ただ、将来的には、豪州でもクリーンエネルギーのひとつとして原子力発電所が導入される可能性がある。

豪州の最大野党・保守連合は、原子力発電所の解禁を2025年に予定されている総選挙の公約に盛り込む方針だ。保守連合は、地球温暖化や電気代高騰への現実的な対策として「石炭から原子力への転換」を掲げており、次世代型のSMRの導入を主張している。

世論調査においても原子力発電所の建設に賛成する声が高まっており、豪州のシンクタンクIPA（Institute of Public Affairs）が2022年6月に発表した世論調査の結果をみると、豪州国民の53％が原子力発電所の建設に賛成し、反対は23％にとどまった。

## 原子力発電推進に回帰する韓国

お隣の国、韓国では、文在寅（ムン・ジェイン）前政権（2017年5月10日～2022年5月10日）と、2022年5月に発足した尹錫悦（ユン・ソンニョル）政権で、エネルギー戦略の方向性が大きく変わった。

文在寅前大統領は、2020年10月、他の先進国と同様「2050年までのカーボンニュートラルの実現」を宣言した。また、2021年10月には、中間目標として2030年までに温室効果ガスを2018年対比で40％削減するという計画を打ち出した。

文在寅政権は、脱炭素化と同時に脱原発も進めて、石炭火力や原子力発電に変わるエネルギー源として太陽光や風力発電といった再生可能エネルギーを大量導入することで、カーボンニュートラルの実現を目指した。

文在寅大統領は、原子力発電について「エネルギー源としてのメリットがあるものの、韓国の密集度は世界最高水準（日本の2倍）で、しかも特定地域（東南部）に集中している。事故が発生した場合、被害は甚大なものになるため、エネルギーミックスの転換が不可避だ」と述べている。このような考え方に基づいて、政権発足当時には24基（稼働中）あった原子力発電所の数を2030年までに18基に減らして、エネルギーミックスに占める原子力発電の割合を低下させる政策を打ち出した。

しかし、文在寅政権による強引な再生可能エネルギー推進策によって、太陽光や風力発電が急拡大するようになり、このままのペースで再生可能エネルギーが拡大を続ければ、2031年前後に電力の過剰供給による「ブラックアウト（大規模停電）」が発生するリスクが指摘されるようになった。ブラックアウトは、電力需要が過剰な場合も発生するが、それとは逆に電力供給が過剰な場合も発生する。

再生可能エネルギーは、供給量の調整や貯蔵が難しく、電力需要が比較的少ない春や秋に太陽光発電などで大量の電力を供給すれば、電力の需給バランスが崩れて周波数が乱れる。そうなると、発電所などが壊れないように次々に自動的に停止してしまい、ブラックアウトが起きることになる。

2022年3月の大統領選挙で、保守系野党「国民の力」の尹錫悦候補が当選して大統領に就任すると、文在寅政権時代の脱原発政策をポピュリズムと批判して、ただちにこの政策を破棄し、原発政策を正常化することを宣言した。尹錫悦大統領は、2022年を韓国の原発産業の「再飛躍元年」と位置付け、原子力と再生可能エネルギーの調和によるカーボンニュートラルの実現を目指す方針だ。

具体的には、施工設計を見合わせていた新蔚珍（ハヌル）原子力発電所3・4号機の建設を再開するとともに、安全性確保を前提としたうえで、老朽化した原子力発電所の継続運転にも乗り出す。

尹錫悦大統領は、2030年までに原子力発電所の数を28基に増やすことによって、エネルギーミックスにおける原子力発電の割合を30％以上に拡大する方針を打ち出している。また、総額4000億ウォンを投じて独自の小型モジュール原子炉（SMR）の開発を進め、海外での受注を増やしていく考えだ。

## 中国は2060年のカーボンニュートラル実現を目指す

ここまでは、先進諸国のエネルギー政策を概観してきた。今度は「BRICs（ブリックス。ブラジル、ロシア、インド、中国）」をはじめとする新興国のエネルギー政策をみていくことにしよう。

新興国も先進国と同様、脱炭素化を目指しているが、これまでその取り組み姿勢は先進国と比べると消極的であった。というのも、現在の地球温暖化は、先進諸国が過去に排出した温室効果ガスの影響によって生じているからだ。このため、新興国の多くは、地球温暖化に対しては先進国が率先して責任を取り、温室効果ガスの排出量削減を実行するべきだと考えている。

こうした考え方は、1992年の国連環境開発会議で採択された『リオ宣言』に盛り込まれた「共通だが差異ある責任」という言葉に象徴されている。「共通だが差異ある責任」とは、平たく言えば、「地球温暖化の阻止に取り組む責任はすべての国が担うべきだが、その責任の重さは国によって差異がある」という考え方だ。

ただ、近年では、新興国で急激な工業化が進んでおり、温室効果ガスの排出量も加速度的に増えるようになった。それに伴って、温室効果ガスの排出を原因とする大気汚染の問題が深刻化しており、新興国でも公害対策など自国の環境問題を解決するという観点から脱炭素化に本腰を入れる動きが広がりつつある。

まずは、中国のエネルギー政策を紹介しよう。これまで中国は、$CO_2$排出量の長期的な目標に言及することを避けてきた。例えば、2009年12月、デンマークのコペンハーゲンで開催されたCOP15では、中国は「一人あたりの所得が低水準にとどまる新興国は、環境保護よりも経済成長を優先するべき」だとして、他の新興国に働きかけて数値目標の義務化を阻んだ。

しかし、2020年9月、中国の習近平国家主席は、国連総会の一般討論でビデオ演説を行い、(先進諸国から10年遅れとなる) 2060年までにカーボンニュートラルを目指すと表明した。また、中間目標として2030年までに$CO_2$排出量を削減傾向に転じさせること、GDPあたりの$CO_2$排出量を2005年度比で65%以上削減することを宣言した。

中国が脱炭素化に向けて数値目標を打ち出した背景には、中国は地球温暖化対策について何もしていないという国際的な批判をかわす狙いがある。また、脱炭素化を進めることが国益につながるという思惑もあるだろう。

現状、中国は、世界最大の$CO_2$排出国となっており、世界全体の排出量の28％を占める。中国でこれほど$CO_2$排出量が多いのは、エネルギー源として主に石炭火力発電を活用しているからだ。

IEAのデータによって中国の2020年の電源構成をみると、石炭火力が63・7％で過半となっている（前掲、図4-1）。石炭火力発電所では、大量の$CO_2$が排出されるほか（石炭火力は天然ガス火力の2倍の$CO_2$を排出）、石炭などの燃焼に伴い硫黄酸化物（SOx）、窒素酸化物（NOx）、煤塵なども発生する。これによって大気汚染の問題が深刻化してもいる。

特に最近警戒されているのが微小粒子物質のPM2・5だ。PM2・5というのは、大気中に漂う粒子状物質のうち、粒径2・5マイクロ（マイクロは100万分の1）メートル以下の極小の物質を指す。いろいろな種類があるが、ディーゼル車や工場の排気ガスに含まれる煤、排気ガスが化学変化を起こして固体化したSOx、NOxが多い。PM2・5は、人体にも悪影響を及ぼすことがわかっており、呼吸器、循環器、神経系統に有害とされる。PM2・5による大気汚染が中国経済にもたらす損失は、GDPの1・2％に相当するとの試算もある。

中国でPM2・5の問題が深刻化するようになったのは、2013年1月10日からである。この日以降、PM2・5を含む濃霧が中国各地で断続的に発生するようになった。中国環境保護省が2013年2月9日から同月15日にかけて74都市で大気汚染の調査をした結果、北京市や上海市、天津市、河北省石家荘市などでPM2・5の濃度が高い値を示した。

このため、温室効果ガス削減の対応策として石炭火力発電への依存を減らすことが喫緊の課題となっているのだ。$CO_2$排出が深刻な大気汚染を招くなど自らの首を絞めるようになったために、脱炭素化に舵を切るようになったと考えられる。

## 原子力大国を目指す中国

中国は、石炭火力発電への依存を減らすために、再生可能エネルギーと原子力発電の拡大を狙っている。

このようなエネルギー政策は、中国政府の中期計画に盛り込まれており、第14次5カ年計画（2021〜2025年）では、2025年までに風力、太陽光、水力、原子力発電の非化石燃料エネルギーの比率をエネルギー消費量ベースで20％前後、発電量で39％前後とするなどの目標を示した。

非化石燃料エネルギーのうち再生可能エネルギーについては、太陽光発電の伸びが顕著だ。近年では、技術進歩の成果によって太陽光発電のコストが急激に低下しており、中国では、過去10年間で約10分の1の水準まで低下した。日照時間が長く、施工費用の安い内モンゴル自治区などでは、太陽光発電が石炭火力発電のコストを下回っているため、経済的な負担を軽減してくれる安価なエネルギーということで利用が急増している。中国政府が太陽光発電の普及を促すために関連企業に補助金を支給するなどのサポートを行ったことも太陽光発電の躍進をもたらした。

風力発電も新規のプロジェクトが目白押しとなっている。中国の風力発電の大型プロジェクトは、新疆ウイグル自治区や内モンゴル自治区など内陸部に集中している。これは、内陸部の地域が強風に恵まれているという理由による。

特に新疆ウイグル自治区になるウルムチ市にあるウルムチ経済技術開発区は、風資源の宝庫ともいわれ、中国最大の風力発電メーカー「新疆金風科技有限公司」など、最先端の風力産業が集結する。

水力発電についてはどうか。中国は世界最大の水資源国で、水力発電のポテンシャルは極めて大きい。大型の水力発電プロジェクトとしては、発電容量が２２５０万キロワットに上る三峡ダムのプロジェクトや白鶴灘水力発電所、溪洛渡水力発電所などが有名である。

三峡ダムは、中国最大の水力発電プロジェクトで、「西部大開発」の一環として打ち出されたものだ。1992年4月の全国人民代表大会で認可され、1993年に着工、2009年に全面完成した。2003年から発電を開始している。三峡ダムのプロジェクトにかかった費用の総額は約1850億元で、三峡ダム地区で移転をさせられた住民の数は127万人に達する。

一方、白鶴灘水力発電所は、2017年から工事が始まり、2022年7月にフル稼働するようになった最新の水力発電所だ。その発電能力は1600万キロワットと三峡ダムに次ぐ中国国内第2位の規模となっている。総投資規模は3000億元（約5兆円）を超える。白鶴灘水力発電所の稼働によって石炭使用を年間1968万トン節約できるという試算もある。

中国は「一帯一路」政策を、水力発電を中心に同国内の再生可能エネルギー産業のビジネス拡大につなげようとしている。中国は、2021年6月、28カ国とともに「一帯一路グリーン発展パートナーシップイニシアティブ」を提唱し、クリーンエネルギー分野での協力を進展させていくことを確認した。

国家エネルギー局によると、2020年末時点で中国は、再生可能エネルギー関連設備の製造において世界第1位となっており、世界の水力発電所建設の70％を中国企業が請け負い、世界の風力発電設備生産量の50％を中国が占めているほか、太陽光電池の関連部品のすべての製造工程において中国企業の割合が50％以上を占めている。

図４－４　原子力発電所の建設計画

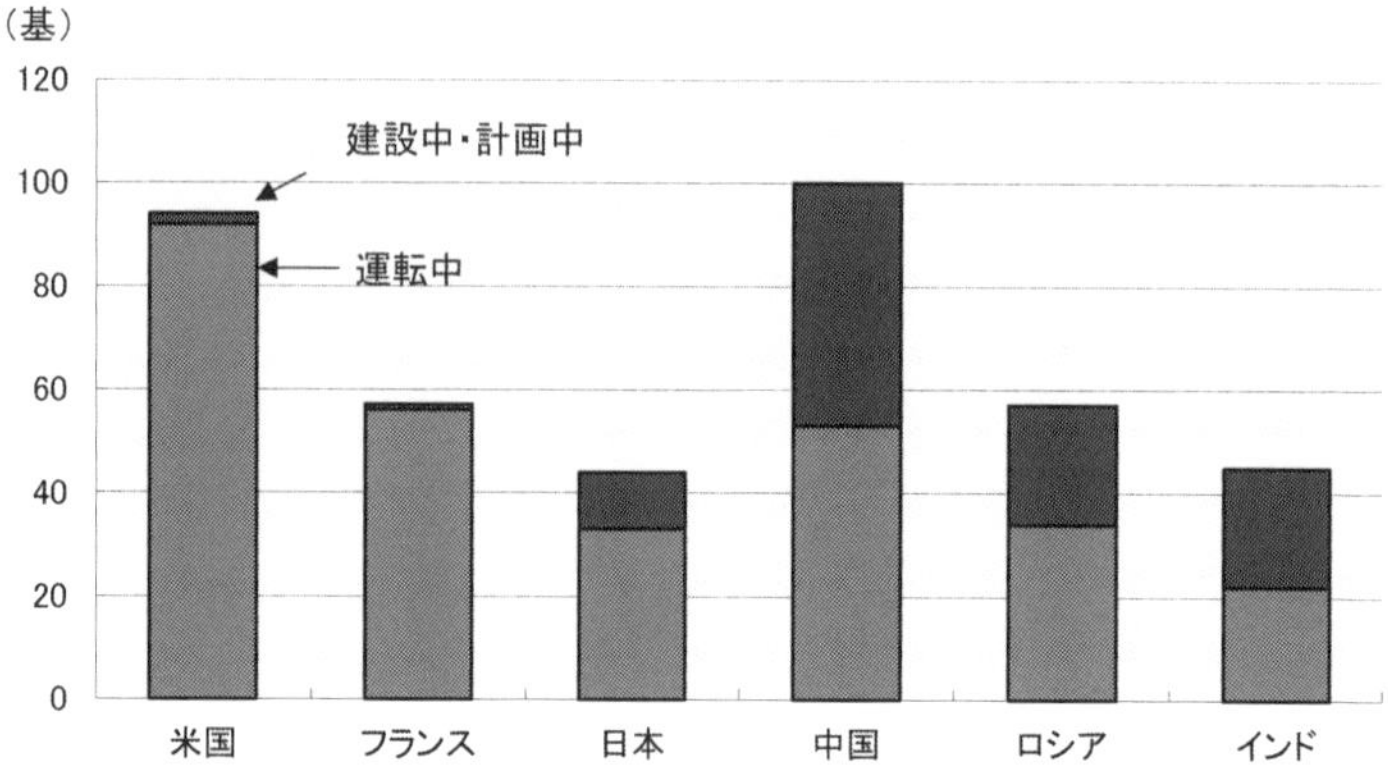


出所：日本原子力産業協会資料を基に筆者作成

一方、原子力発電については、設備容量を２０２０年時点の５０００万キロワットから２０２５年までに７０００万キロワット前後に引き上げるとしている。安全性の確保を前提として、沿海部の原子力発電建設プロジェクトについて、秩序ある方法で積極的に進め、建設のペースを安定的に維持し、新規プロジェクトを合理的に配置・計画するとしている。

日本原子力産業協会のデータによると、２０２３年１月１日現在で運転中の原子炉数をみると、中国は53基を有しており、米国（92基）、フランス（56基）に次ぐ第3位となっている（図4-4）。その一方、建設中の原子炉と計画中の原子炉は、中国がそれぞれ19基、24基といずれも最多となっている。順調に建設が進められた場合、中国の原子炉数は、米国を抜いて世界最多の同規模になることが見込まれる。

## 日本の原発処理水の海洋放出を政治問題化する中国

２０２３年8月24日13時ごろ、東京電力が福島第一原子力発電所敷地内に貯蔵されている「ＡＬＰＳ（アルプス。多核種除去設備）処理水」と呼ばれる原発処理水の海洋放出を開始した。放出は今後30年程度続く見込みだ。

これを受けて、アジア・太平洋地域では抗議の声が上がった。特に中国や香港の反発が強く、中国政府は、日本からの水産物輸入を包括的に停止すると発表した。香港も10都道府県からの水産物輸入の禁止を決めた。

ただ、日本は、科学的根拠を示して原発処理水は安全だとしており、国際原子力機関（ＩＡＥＡ）も放出計画を承認している。中国は原発処理水の安全性を問題視しながらも、その科学的根拠は何も示していない。

科学的根拠を示すことなく、消費者保護を名目として必要以上に貿易制限的な措置を取ることは、世界貿易機関（ＷＴＯ）が禁止する「不当又は差別的な措置」に該当するのではないか。

中国の原子力発電所は、日本が放出する予定の最大6・5倍の放射性物質トリチウムをすでに海洋放出している。中国が日本の処理水の海洋放出を批判するのであれば、自国の海洋放出の実態を念頭において議論すべきだ。

では、中国や香港による輸入制限措置によって日本経済はどの程度の影響を受けるのか。農林水産省の統計によると、2022年における日本の水産物・加工品の輸出金額は約3873億円であった。

そのうち中国向けは871億円、香港向けは755億円となっており、中国・香港向けだけでも4割のシェアを占める。

したがって、中国・香港の禁輸措置が1年間続けば、日本の水産物輸出は4割以上減少することになり、日本の水産業にとっては大きな打撃となるだろう。

ただし、マクロ経済レベルでみれば、日本の輸出を0・13%、GDPを0・03%押し下げる程度にとどまり、その影響は軽微だ。

また、打撃を受ける水産業についても、政府は、漁業者が漁業を続けられるよう支援するために800億円の基金を設けて対応する。中国・香港の禁輸措置によって生じた損失分は、東京電力が必要かつ合理的な範囲で賠償することとなっている。

単純計算では、中国・香港の禁輸措置で水産物輸出額は4割の落ち込みとなるが、日本が中国・香港以外の販路を開拓・拡大することができれば、その影響を最小限に食い止めることができる。実際、ロシアのウクライナへの軍事侵攻で、欧米諸国が経済制裁の一環でロシア産の水産物の輸入禁止に踏み切った際には、ロシアは日本を含むアジアへの輸出を拡大させ、ロシアの水産業に大きな影響は出なかった。

一方、禁輸措置をとった中国・香港には、大きな影響が出る可能性がある。現在、同国内では、空前の日本食ブーム、回転寿司ブームが訪れており、それを反映して中国の水産物需要は年々拡大している。

日本からの水産物・加工品の輸入を全面禁止にすれば、水産物・加工品が不足する事態に陥ることは必至で、中国国内の水産物・加工品の価格が高騰することになるだろう。

中国政府は、2023年8月10日に日本への団体旅行を解禁しているため、中国で日本食を食べることが難しくなれば、「おいしい日本食を楽しみたい」と考える中国人観光客が来日して、日本の飲食店でお金を落としていくという流れも想定できるわけで、禁輸措置が中国からのインバウンド消費の増加につながる可能性もある。

また、原発処理水放出開始後に日本関係機関に対する抗議や嫌がらせ電話が多数発生するようになっていることから、外務省は、中国への滞在・渡航を予定している日本人に対して注意喚起をしている。事態が深刻化するようであれば、中国を訪れる日本人観光客数が大幅に減少し、中国のインバウンド消費に大きな影響が及んでくるだろう。

## 大気汚染の問題解決のために脱炭素化を目指すインド

２０２１年11月に開催された第26回気候変動枠組条約締約国会議（ＣＯＰ26）において、インドは、先進国から遅れること20年、２０７０年までにカーボンニュートラルを実現するという目標を発表した。

これまでインドでは、発電の多くを石炭火力に頼ってきた。ＩＥＡのデータにより２０２０年の電源構成をみると、71・５％が石炭火力で占められている（前掲、図4-1）。石炭火力や自動車の排気ガスによって深刻な大気汚染に悩まされており、大気汚染調査機関エアビジュアルによると、２０２０年に大気汚染が深刻だった世界上位30都市のうち22都市をインド（主に北部地域）が占めた。

２０１４年に誕生したナレンドラ・モディ政権は、大気汚染を含めて気候変動問題に対処するために脱炭素化を急いでおり、石炭火力に代わるエネルギーとして再生可能エネルギーの導入を進めている。ＣＯＰ26では、２０３０年までに再生可能エネルギー起源エネルギー（電源構成）を50％とし、２０３０年までに炭素排出量を10億トン削減するといった数値目標が掲げられている。

再生可能エネルギーの中でもインドが注力するのは太陽光発電の普及だ。インドは1年を通じて安定的な日照があり、また、ソーラーパネルシステムを設置するための土地も豊富であるため、太陽光発電で大きなポテンシャルを持つ。

２０２０年3月には、世界最大規模の発電量を誇る太陽光発電施設バドラ・ソーラーパークが稼働を開始した。バドラ・ソーラーパークは、インド北西部のラジャスタン州タール砂漠にあり、５７００ヘクタールの広大な敷地内に１０００万枚もの太陽光パネルが設置されており、1日の発電容量は２２４５メガワットに達する。施設では、太陽光パネルの砂や埃を除去するためのロボットが導入されているほか、数百人が24時間体制で監視に当たっている。

また、２０２２年には、グジャラート州にあるモデラにおいてインド初となる「太陽光発電１００％の村」が誕生した。

このプロジェクトでは、中央政府とグジャラート州政府が80・66億ルピー（約１４５億円）を投じ、１３００台以上のソーラーパネルを住宅の屋根に設置した。また、発電した電力を必要に応じて貯蔵・放出できる蓄電システムを導入したことで、24時間連続でクリーンエネルギーを供給することが可能になった。

グジャラート州政府の発表によると、このプロジェクトによってモデラ村民は、電気料金を60％から１００％と大幅に節約できるようになったという。

ただ、太陽光や風力発電といった再生可能エネルギーだけでは脱炭素化の実現は難しいため、補助的に原子力発電も活用していく。２０４７年までに総発電電力量に占める原子力の割合を９％近くまで高める計画だ。

インド政府は、２０１７年５月に電力出力70万キロワットの国産「加圧重水炉（ＰＨＷＲ）」10基の建設計画を承認した。具体的には、南西部カルナタカ州のカイガ原子力発電所の５号機と６号機、北部ハリヤナ州のゴラクプール３号機と４号機、中央部マディヤ・プラデシュ州のチャッカ１号機と２号機、北部ラジャスタン州のマビ・バンスワラ１～４号機だ。

## 地熱発電の開発・導入に注力するインドネシア

インドネシアでは、２０２１年11月に開催されたＣＯＰ26首脳会合において、ジョコウィ大統領が２０６０年までにカーボンニュートラルの実現を目指すと宣言した。

その中間目標として、２０３０年までに温室効果ガスの排出量を29％削減する（国際支援がある場合は41％削減）。

インドネシアは、これまで石炭・石油・天然ガスといった化石燃料への依存度が高い電源構成となっていたが、これを見直して、石炭火力発電所の建設を段階的に縮小するとともに、再生可能エネルギーの開発・導入を進めて、その電源構成を高めていく。

化石燃料から再生可能エネルギーへの転換を推し進めることで、2025年までに総発電量における再生可能エネルギーの割合を23％に引き上げるという数値目標を掲げている。

多様な再生可能エネルギーの中でも、インドネシアが化石燃料の代替エネルギーとして注目するのは地熱発電である。

というのも、インドネシアは火山地帯に位置しているため、地熱発電の潜在能力が非常に高いからだ。インドネシアの地熱による潜在発電容量は約3万メガワットと見積もられており、これは米国に次いで世界第2位の地熱資源量となる。

インドネシアの現在の総発電容量が3万メガワットなので、理論上、地熱発電だけで国内の総電力をカバーできる計算になる。

現時点で地熱による発電容量は全発電容量の4％を占めるに過ぎないが、政府は、地熱発電の開発・導入に力を入れて、全発電容量に占める割合を高めていく方針だ。

実際、インドネシアでは、地熱発電のプロジェクトが目白押しとなっており、例えば、国内最大手の国営石油会社プルタミナは、2027～2028年ころまでに地熱発電の能力を2倍にする目標を打ち出している。そのために必要となる投資額は40億ドル（約5100億円）に上ると推定される。

また、2023年1月、日本のINPEXは、地熱事業を目的とする子会社を通じてインドネシア・スマトラ島南東部に位置するランプン州のラジャバサ地熱事業に参画することを発表した。

## 脱水力発電を目指す南米のブラジル

南米のブラジルは、アマゾン川やパラナ川、プルス川、サン・フランシスコ川など多数の河川が存在し、水資源に恵まれていることから、発電電力の大部分が水力発電によって占められる。

ＩＥＡのデータによると、２０２０年のブラジルの発電電力量のうち水力発電が占める割合は63・８％に上る（前掲、図４-１）。同年の日本の水力発電の割合が７・８％であることから、ブラジルの水力発電への依存度がいかに高いかが窺い知れる。

ブラジルには、水力発電用の巨大ダムが多数建設されている。特に有名なのがパラナ川にあるイタイプダムだ。イタイプダムは、ブラジルとパラグアイの共同出資でつくられ、１９７５年に着工、１９９１年に竣工した。発電機が20機も備わっており、すべて稼働した場合の発電量は１４００万キロワットにもなる。発電能力では、中国の三峡ダムに次ぐ世界第２位だ。

そのほかにも、トカンチンス川にあり、日本からの融資によって建設されたトゥクルイダム、アマゾン川水系シングー川にあるベロ・モンテ水力発電ダム群などの巨大ダムがある。ただ、近年では、水力発電に依存したブラジルのエネルギー政策には限界が見えてきた。ひとつは、水力発電用ダムの建設ラッシュに伴って環境破壊の問題が深刻化しつつあり、新規のダム建設が難しくなってきたことがある。

例えば、アマゾン川に流れ込んでいる河川系には、たくさんのダムが集積するが、こうしたダムが豊富な栄養素を含んだ堆積物の流れを堰き止めてしまうことで、下流では土壌や栄養素が不足して生態系に悪影響を及ぼすことが明らかになっている。つまり、ダムの建設が生物多様性の低下を引き起こしているのだ。

また、水力発電は、気候変動の影響を受けやすいというデメリットがある。近年、ブラジル各地で干ばつが頻繁に発生しており、水不足の問題が深刻化している。干ばつによって水不足になれば、タービンが回せなくなり電力の安定供給に障害が出てくる。

近年の干ばつによる水不足の事例を挙げると、2001年には、南東部を中心に深刻な干ばつに見舞われた。干ばつで水力発電所のダムの水位が低下し、発電量が減少したために大規模停電が発生した。この干ばつでは、8カ月にわたり配給制が実施された。市民や企業は、平均20%減の節電義務が課され、当時の大統領は、大統領府の冷蔵庫のスイッチを切るよう命じたほどであった。

２０１４年にも南東部で、過去80年間で最悪といわれるほどの干ばつが発生している。サンパウロに水を供給する貯水池の水量は満水時容量のわずか３～５％にまで減ってしまい、電力不足を引き起こした。

直近では、２０２１年にも干ばつに見舞われており、政府は、大口の電力需要家に対して節電を呼びかけた。

ブラジルは、これまで干ばつによって水力発電が縮小するたびに、縮小した分を火力発電によってカバーしてきた。しかし、火力発電は、温室効果ガスの排出増加につながるほか、水力発電に比べると発電コストが高いため、家庭の電気代が上がるといった問題も抱えている。

ブラジルのエネルギー政策は、これまでは水力発電一辺倒であったが、水力発電に頼ったエネルギー政策は、持続的ではないことが明らかになったため、中長期的に太陽光や風力、地熱発電を積極的に活用するなどエネルギー源の多様化に取り組む方針を打ち出している。

２０１５年の気候変動枠組条約締約国会議（ＣＯＰ21）においては、水力発電以外の再生可能エネルギーのシェアを現在の28％から２０３０年には33％まで高めることを目標に掲げた。

このうち太陽光発電については、既存の水力発電と組み合わせて、相互補完的な電力供給システムを構築するといった試みがなされている。例えば、サン・フランシスコ川沿いのバイーア州では、２０１９年に３７９２枚の太陽光パネルを備えた水上ソーラー施設が建設された。

水上ソーラー施設の発電電力量は年間1・7メガワットに達する。

その一方、風力発電については、ブラジルでは南部地方南部の海岸部、北東部地方（ノルデステ）の北海岸、北東部地方から南東部地方の内陸をほぼ南北に走る地帯が強風地帯となっており、この地帯を中心に陸上風力発電の導入が進んでいる。

## グリーン水素の生産・輸出大国を目指す南アフリカ共和国

今度は、南アフリカ共和国（南アフリカ）のエネルギー政策をみてみよう。南アフリカは、1948年から悪名高い「アパルトヘイト（人種隔離政策）」を施行したため、国際社会から強い非難を浴び、国連による経済制裁の一環として1979〜1994年の15年間にわたって石油の禁輸が実施された。

南アフリカは、日本と同様、石油資源に乏しかったので、禁輸に対抗する目的で国内に豊富に存在する石炭資源を活用して発電・電力供給を行ってきた。

1994年のアパルトヘイトの廃止に伴い禁輸措置が解除されたあとも石炭への依存度は高いままとなっており、2019年の総発電量に占める石炭火力の割合は83％で世界最高水準だ。

南アフリカの石炭火力発電事業は、国営電力会社のエスコムが一手に担っているが、エスコムの石炭火力発電所の大半はアパルトヘイト時代に建設されたもので、設備の老朽化が著しい。エスコムが保有する発電所の平均築年数は35年で、各発電所の生産能力は年々低下している。エスコムの石炭火力発電所の発電能力は4万6000メガワットだが、その約半分が故障や修理で使えない状況だ。

2022～2023年には、電力不足が深刻化し、過去最悪といわれる計画停電が実施された。2023年2月には、ラマポーザ大統領が「電力不足が自国の経済に脅威をもたらす」として国家的な「災害事態」を宣言した。

こうしたなか、南アフリカは、海外から資金協力を仰ぎながら電力供給の拡大を狙っている。ただ、温室効果ガスの排出量が多い石炭火力では、資金協力を得ることは難しく、電力不足解消のためには、脱炭素化を進めてクリーンエネルギーを増やしていくことが急務となっているのだ。

南アフリカは、石炭に代わるエネルギーとして再生可能エネルギーの開発に力を入れているが、気候変動が激しく再生可能エネルギーの生産が不安定であることから、再生可能エネルギーだけで脱炭素化を実現することは難しい。

南アフリカ政府は、中長期的にグリーン水素の生産を拡大し、次世代のエネルギーとして活用することを目指している。

ここでグリーン水素というのは、水を電気分解して、水素と酸素に還元することで生産される水素のことだ。水を電気分解するためには電力が必要となるが、この電力は、風力や太陽光発電などの再生可能エネルギーを活用して作り出す。水素の生産工程で副産物としての$CO_2$が一切排出されないため、環境に悪影響を与えることなく、水素を活用できる。

南アフリカには、グリーン水素を製造する際の触媒として必要となるプラチナ（白金）が豊富に存在するため、グリーン水素の生産には優位性がある。

2022年2月には、南アフリカ政府が『水素社会ロードマップ』を公表した。このロードマップは、グリーン水素の活用に関する戦略や方向性を取りまとめたもので、最終目標として「2050年までに包括的で持続可能かつ競争力のある水素経済を実現すること」が掲げられている。

南アフリカ政府は、自国でグリーン水素を活用するだけではなく、将来的にはグリーン水素を輸出産業に育成することも視野に入れている。主な輸出先となるのは欧州地域だ。脱炭素化に注力する欧州では、域内で賄い切れないグリーン水素の供給基地のひとつとして南アフリカに注目しており、実際、グリーン水素分野で南アフリカに投資をする動きが広がってきている。

2023年6月20日には、オランダのマルク・ルッテ首相とデンマークのメッテ・フレデリクセン首相が南アフリカを訪問し、オランダとデンマークが南アフリカで10億ドルのグリーン水素基金を立ち上げることを決定した。基金は、南アフリカのグリーン水素インフラの建設に活用していく。

また、2023年6月27日には、南アフリカとドイツがグリーン水素のプロジェクトで協力することで合意した。政府間の交流の強化、共同プロジェクトの開発、グリーン水素の市場開拓などを進めていく。

## 原子力発電所の導入を急ぐトルコ

トルコのエネルギー政策は、どうなっているのだろうか。2021年10月、トルコ政府は、2053年までにカーボンニュートラルの実現を目指すと発表した。

トルコは、日本と同様、原油や天然ガスといった天然資源に恵まれておらず、これまで発電に使用する化石燃料のほとんどを海外からの輸入に頼ってきた。トルコのエネルギー自給率は26%程度に過ぎず、毎年、化石燃料の輸入額が膨らんでしまい、それによって慢性的な貿易赤字に苦しんできた。

企業や家計が省エネを進めて電力需要を引き下げれば、エネルギー自給率は改善するが、発展途上にあるトルコは、経済成長率が高く、企業や家計が省エネを進めても、それを上回るペースで新規の電力需要が拡大している状況で、省エネ推進だけでエネルギー自給率を改善させることは難しい。

持続的な経済成長を実現しながらエネルギー自給率を改善するには、エネルギーの脱炭素化を進めて、輸入に頼らず自国内でエネルギーを安定的に供給することが重要になってくる。

このためトルコは、再生可能エネルギーの導入に力を入れている。トルコは、チグリス川やユーフラテス川など良質な水資源に恵まれているため、再生可能エネルギーの中では、水力発電が占める割合が高い。トルコ政府は、チグリス川・ユーフラテス川の上流地域に、ダム22基と17の発電所を建設する「南東アナトリア計画」を推進している。２０１９年には、チグリス川上流にできたトルコ最大のイリスダムが貯水を開始した。

最近では、水力発電のほか太陽光や風力、地熱発電の導入も進んでいる。ただ、再生可能エネルギーだけで２０５３年までに脱炭素化を実現することは困難であるため、再生可能エネルギーと原子力発電を組み合わせることで、脱炭素化の実現を目指す。

これまでトルコには、原子力発電所がなかったが、ロシアのロスアトムがトルコ南部のメルシン県に同国初となる原子力発電所を建設中で、原子炉１号機が２０２４年から稼働する予定だ。

さらに今後は２カ所目として北部シノップ県、３カ所目として北西部クルクラーレリ県にも原子力発電所の建設を計画している。2カ所目の原子力発電所はロシアと韓国の企業、3カ所目の原子力発電所は中国の企業が建設する可能性がある。すでに4カ所目の原子力発電所の立地調査も進めているという。

トルコのエネルギー天然資源省は、2023年8月、今後30年間で原子力発電に1000億ドル（約14兆円）の投資を行うと表明した。電源構成に占める原子力発電所のシェアを2035年には11％に、2053年までに29％に引き上げることを計画している。

## 米国企業がポーランドの原子力発電所を受注

中東欧諸国のエネルギー政策は、どうなっているのだろうか。東欧のポーランドは、石炭が豊富に産出するため、これまでは電源構成で石炭火力発電が7割を占めていた。

2004年にEUへの加盟が実現すると、EUから温室効果ガスの排出削減を求められるようになり、石炭に比べて温室効果ガスの排出が少ない石油や天然ガスにエネルギー源を切り替えていった。国内で使用する原油や天然ガスの大部分は、ロシアからの輸入に頼るようになった。

しかし、ロシアのウクライナ侵攻をきっかけに、ロシア産のエネルギーに依存してきた従来のエネルギー政策を見直すようになった。

２０２２年３月には、ポーランド政府がロシアの軍事侵攻を踏まえて「２０４０年までのエネルギー政策（ＰＥＰ２０４０）」を更新し、化石燃料の脱ロシア化を急ぐとともに、代替エネルギーとして再生可能エネルギーの開発を進める方針が示された。新たな計画では、２０４０年までに全発電量の50％を再生可能エネルギーにする。このために気象条件に左右されやすい風力と太陽光だけでなく、気象条件に依存しないバイオマス、バイオガス、地熱の使用を促進する。

ただ、再生可能エネルギーだけでは脱炭素化の実現が難しいので、原子力発電も導入する。ポーランドには、これまで原子力発電所はなかったが、国内初の原子力発電所を米国の原子力企業ウェスチングハウス・エレクトリック・カンパニー（ＷＥＣ）の技術に基づいて建設することを決めた。

２０２６年に着工、２０３３年までに最初の原子炉の稼働を目標とし、投資額は約２００億ドルとなる予定だ。

ポーランドと同様、ルーマニアも化石燃料の脱ロシア化を進めており、代替エネルギーとして再生可能エネルギーと原子力発電所に注目している。ルーマニアでは、石炭火力発電所の跡地で米国のニュースケール・パワー製ＳＭＲの導入計画が進められている。

その一方、ブルガリアは、脱炭素化とは真逆の方向に向かっている。ブルガリアは、もともと石炭依存国であったが、２００７年にＥＵに加盟すると、ＥＵから石炭火力発電所の廃止を強く求められるようになった。ブルガリア政府は、２０３８年までに石炭火力発電所を段階的に廃止する方針であったが、２０２３年10月になってこの方針を撤回し、国内の石炭火力発電所の運転期間を２０３８年まで延長することを決めた。

ブルガリアがエネルギー政策の方針を変更した一番の理由は、ロシアのウクライナへの軍事侵攻の影響だ。従来、ブルガリアは、ロシア産の天然ガスへの依存度が高かったが、軍事侵攻開始後は化石燃料の脱ロシア化を進めることになった。しかし、ブルガリアは、その代替エネルギーとして再生可能エネルギーや原子力発電所ではなく、コストの安い石炭火力発電を選んだのだ。

## ウクライナ侵攻以降、原子力発電所の輸出に力を入れるロシア

最後に、ロシアのエネルギー政策をみておこう。ロシアは、天然ガス、石炭、石油といった化石燃料が豊富な資源国であり、ＩＥＡのデータ（２０２０年）によると、発電電力量の43・1％が天然ガス、16・1％が石炭、０・７％が石油で占められている（前掲、図４-１）。これ

までは、余剰になった化石燃料を海外に輸出し、これを主な外貨獲得手段にしていた。ロシアの輸出総額に占める化石燃料の割合は6割にも達する。

ただ、2022年2月以降、ウクライナへの軍事侵攻がきっかけとなり、西側諸国がエネルギー分野への経済制裁を強化したため、EU向けを中心にロシアの化石燃料の輸出は大きく落ち込むようになった。

ウクライナへの軍事侵攻以降、ロシアが外貨取り込みのために力を入れているのは、原子力発電所の輸出である。というのも、天然ガスや石油は段階的な禁輸措置がとられているが、ロシアの原子力産業は、EUの制裁対象にはなっていないからだ。

なぜ、EUが原子力部門で対ロシア制裁をしないかといえば、ロシア製の原子力発電所を擁するハンガリーが制裁に反対しているからだ。EUの制裁には、すべての加盟国の同意が必要であり、加盟国のハンガリーが同意しない限り、制裁を実行することはできないルールになっている。

ハンガリーには唯一の原子力発電所、パクシュ発電所がある。旧ソ連が建設し、1980年代に稼働を開始した。パクシュ原子力発電所には4基の原子炉（1基あたり50万キロワット）があり、これによって国内発電量の約50％が賄われている。ただ、既存の4基の原子炉は公式運転期間の30年を経過したため、運転期間を延長する方針だ。オルバン政権は、将来的に容量の大きい最新型の加圧水型炉を2基増設して既存の4基と入れ替える考えで、すでにロシアと合意している。

この計画がとん挫すれば、ハンガリーの電力供給が不安定化する恐れがある。このような事情からハンガリーは、原子力部門の対ロシア制裁には反対を唱えているのだ。

ところで、ロシアでは、国営企業のロスアトムが原子力発電所の建設、燃料供給から廃炉まで原子力ビジネスのすべてを一手に担っている。ロスアトムは、2007年にロシア原子力庁を再編する形で設立された。

ロスアトムのビジネスの大きな柱のひとつが、ロシア型原子炉の輸出となっている。2023年1月1日現在、世界で建設中の原子炉72基のうちロシア製が26基となっており、これは世界トップの数字だ。

また、ロスアトムは、原子力発電所の燃料となるウランの輸出にも力を入れている。天然ウランを原子力発電所の燃料に加工する過程でウランを濃縮する必要があるが、濃縮ができる工場は世界でも限られており、ロスアトムのシェアが高くなっている。

新興国や欧州の一部では、原子力発電所の建設や燃料供給でロシアに依存している国は少なくないというのが実情だ。脱炭素化で再生可能エネルギーの開発を進めようとしても、水資源が少なかったり、日照が少ない国ではそれが難しい。

原子力発電は操業を開始すれば、60～80年間という長期にわたって安価な電力を供給できるため、資金力の乏しい新興国で原子力発電所への需要は根強い。これまでにロシアが原子力発電所の建設を請け負ってきた国としては、ハンガリー、ブルガリア、インド、トルコ、ベラルーシなどが挙げられる。直近では、バングラデシュがロシアの協力によって原子力発電所の建設を進めている。

バングラデシュは、脱炭素化を進めるにあたって、原子力発電所の活用を重視しており、２０１７年11月にロシアのロスアトムと共同で原子力発電所の建設を開始した。バングラデシュでは、１２６億５０００万ドルを投じて２基の原子力発電所を建設する予定で、建設にかかる費用の90％はロシアからの融資となっている。融資資金は28年以内に返済する予定だ。

# 第5章

# エネルギー政策にも分散投資の考え方を

## 人生100年時代のリスクとは?

第5章では、予測不可能なＶＵＣＡの時代に生きる投資家が資産運用で成功するには分散投資の考え方が基本になることを確認する。そのうえで、分散投資の考え方が地域のエネルギーシステムや日本のマクロ的なエネルギー政策にもそのまま当てはまることを説明していきたい。

現在、日本では、世界最速のスピードで高齢化が進んでおり、将来的に老後資金が不足する事態が懸念される。寿命の延びに対応する形で、資産の寿命を延ばしていくことの重要性は高まっているといえるだろう。また、ＶＵＣＡの時代に寿命が延びてくれば、自然災害や交通事故、病気といったさまざまなリスクが顕在化する確率も高まってくる。

そこで、日本でどれぐらいのスピードで高齢化が進んでいるのかをデータのほうで確認しておこう。図5-1は、日本の男女の平均寿命の長期的な推移を示している。戦後間もない1950年の段階では、男性の平均寿命が58歳、女性の平均寿命が61・5歳にとどまっていたが、その後、男女ともに平均寿命がどんどん延びていき、2022年には、男性の平均寿命が81・05歳、女性の平均寿命が87・09歳まで延びた。

さらに、国立社会保障・人口問題研究所の予測により2070年の姿をみると、男性の平均寿命は85・89歳、女性の平均寿命は91・94歳まで延びるとみられる。しかも、これはあくまで

**図5－1　日本の男女の平均寿命の長期的な推移**

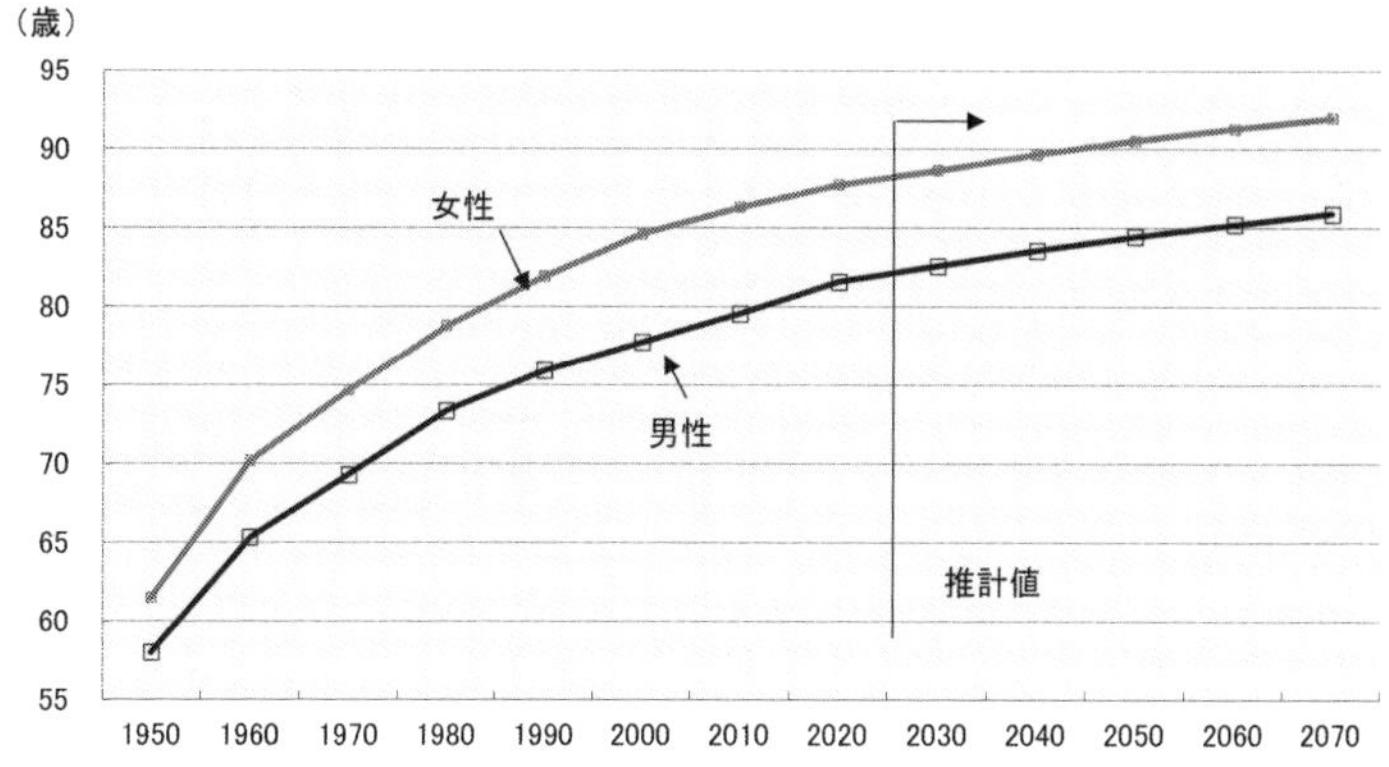


出所：厚生労働省資料を基に筆者作成
（注）2020年以降は国立社会保障・人口問題研究所の推計値（2021年推計）

も平均寿命なので、2070年には健康に余裕で100歳を超えて元気に暮らしている方、いわゆる「センチナリアン」と呼ばれる人たちも相当な数に上っている可能性が高い。

これからの日本の社会では、健康に元気に暮らす高齢者がどんどん増えてくるわけで、これは、社会的な価値判断に照らせば、もちろん大変望ましいということになる。ただ、個別の世帯や個人の視点でとらえると、これからは長生きをすることのリスクもいろいろと頭に浮かぶようになるだろう。

では、個人の視点でとらえた場合、何がリスクとなるのか。やはり、寿命が延びていくなかで、自分の余命を読みづらくなってくるため、老後の生活費、特に会社を退職したあとの生活費をどのように捻出・確保していけばよいのかが喫緊の課題として浮かび上がってくるはずだ。

そこで今、寿命を90歳時点に設定して、90歳で寿命を迎える人が60歳で会社をリタイアすることを想定したときに、老後、死ぬまでゆとりのある生活を送っていくためには、どの程度の資産が必要になるのかを簡単にシミュレーションしてみよう。

シミュレーションにあたって、まずは、現在の高齢夫婦無職世帯の1カ月の平均的な収支がどうなっているのかデータのほうで確認しておく。

家計調査のデータによって、夫が65歳以上、妻が60歳以上の高齢夫婦無職世帯の1カ月の平均的な収支をみると（2020年）、支出のほうは25万9304円となっている。一方、収入のほうは（年金からの収入がほとんどになるが）、23万8920円となっている。

そして、収入と支出を比較すると、支出のほうが収入を若干上回っており、毎月2万384円の赤字が発生している。この赤字の部分については、それまで蓄えてきた貯金を取り崩してカバーしている。

それでは、この収支を前提として、90歳で寿命を迎える人が60歳で退職した時点で必要となる資産の額を逆算していこう。

今の年金支給開始年齢は65歳となっているので、60歳で退職した場合には65歳までの5年間は無年金の期間となる。この期間の生活費は、先ほどの「1カ月の平均的な支出（25万

930４円)」×12カ月×5年＝１５５６万円が必要になる。

次に、実際に年金の支給が始まる65歳から寿命を迎える90歳までの25年間については、毎月年金が支給されるので、年金では足りない部分の生活費が必要になる。先ほどの「1カ月の平均的な赤字（2万３８４円)」×12カ月×25年＝６１２万円だ。

さらに、これから年を重ねていく過程で、病気を患って通院したり、介護が必要になる場合を考えて、「もしもの時の備え」として５００万円を計上しておくと、60歳で必要となる金融資産の額＝２６６８万円という数字が出てくる。

## ゆとりのある老後の生活をするのに理想の資産額は1億円？

ただ、これはあくまでも現在の高齢夫婦無職世帯の1カ月の平均的な収支を前提とした場合の話である。

実は、今の現役世代の方にアンケート調査をとった結果がある。老後、死ぬまでゆとりのある生活をしていこうとしたとき、理想として毎月どれぐらいのお金を使いたいかを尋ねたところ、今の現役世代はかなり贅沢な希望をもっていることがわかった。

理想としては、退職したあとは夫婦2人で悠々自適に毎月36万６０００円のお金を使っていきたいということだ。

そこで、この理想の消費金額を前提にして、また60歳時点で必要になる資産の額を逆算していくと、今度はこの金額が一気に6508万円まで膨らんでしまう。

ただ、この数字もまだ少し見積もりが甘い部分がある。見積もりが甘い理由のひとつは、このシミュレーションでは将来、公的年金が減額になる可能性が考慮されていないことだ。現在、政府がコロナ禍や物価高に対応して巨額の財政支援策を打ち出していることから、日本の財政は将来急激に悪化していく可能性が高い。そうなれば、当然、年金財政も悪化していくわけで、現時点で将来受け取れる年金が減額になる確率が高まっているのだ。年金減額のリスクを考慮して、その分余計に資産を増やしておく必要があるだろう。

また、先ほどのシミュレーションは、「もしもの時の備え」ということで、仮置きで500万円を計上していたが、やはりこれから先の長い将来を考えていくと、「もしもの時の備え」は、とても500万円では足りなくなる可能性が高い。これは、将来的に医療費の自己負担や介護給付の自己負担が相当高まることが予想されるためだ。

医療費についてみると、国民1人あたりの医療費は、年齢が75歳未満の場合には年平均22万6000円であるが、年齢が75歳以上になると一気に4・2倍に膨らんで年平均95万2000円になってしまう。

図５－２　国民医療費の長期的な推移

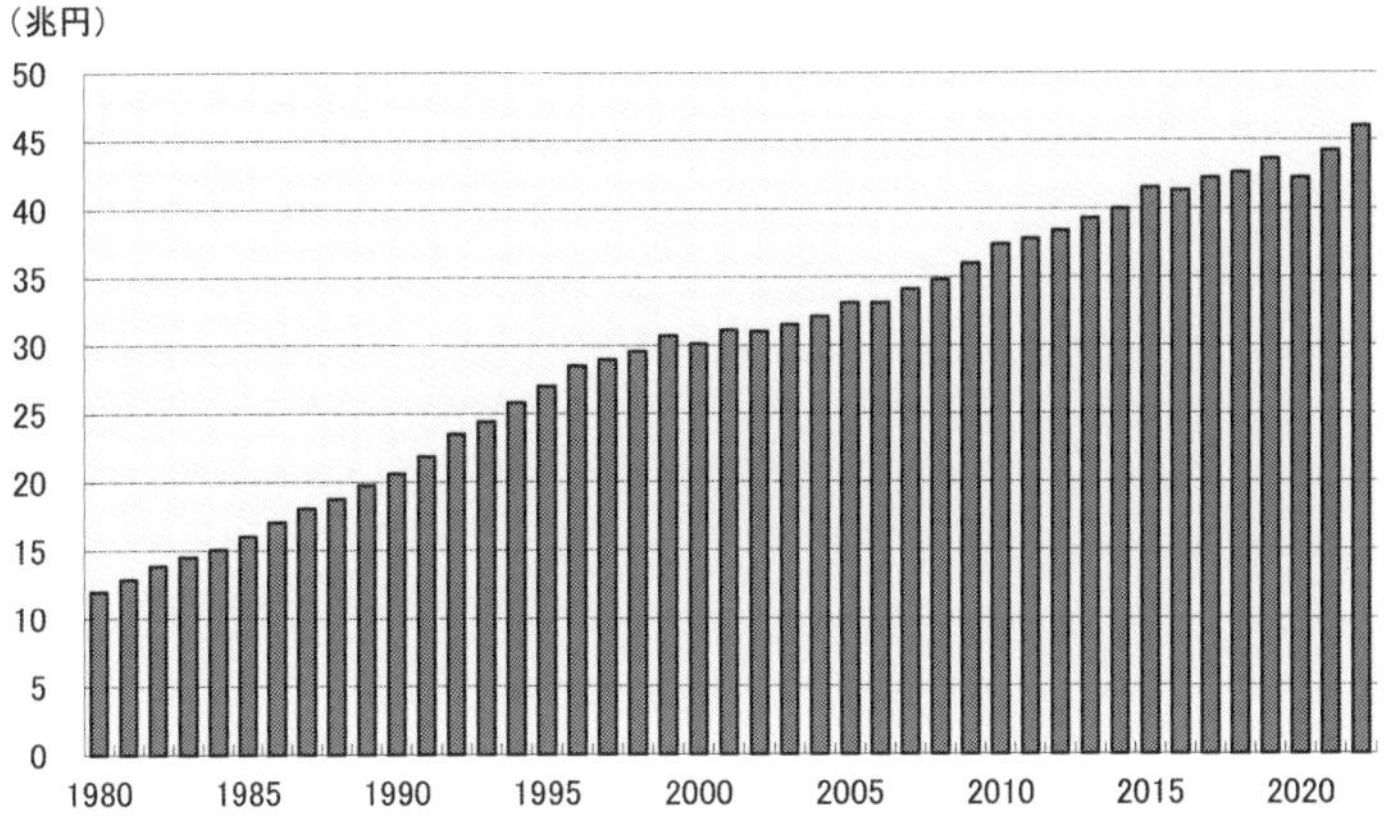


出所：厚生労働省資料を基に筆者作成

一方、医療費の自己負担がどうなっているかをベースラインでみると（自己負担の比率は退職後年収によって変わってくる）、年齢が69歳までは３割負担、年齢が70代前半では２割負担、年齢が70代後半以上では１割負担と、医療費がかかってくる年齢にさしかかればさしかかるほど、医療費の自己負担の割合は逆に下がっていく仕組みとなっている。

このため、社会全体で高齢化が進んで、高齢者の絶対数が増えていけば、必然的に日本全体でみた国民医療費がどんどん膨らんでいくことになる。

実際、国民医療費の長期的な推移をみると、１９８５年度にはまだ16兆円にとどまっていたが、２０２２年度には46兆円まで膨らんだ（図５－２）。さらに、厚生労働省の予測（２０１８年）によると、２０３０年度には60兆円の大台を突破して62兆円まで膨らむ見通しだ。国民健康保険の制度を中長期で維持していくためには、これから先、健康保険料の大幅な引き上げや医療費の自己負担の増大が不可避となっている。

一方、介護保険については、医療保険以上に深刻な状況になっている。最近では、介護保険の「2025年問題」という言葉を耳にする機会が増えてきた。

これは2025年度になると、今のボリューム世代といわれている団塊の世代が全員75歳を超える年齢にさしかかってくる。介護保険には、年齢が75歳を超えたあたりから一気に介護の給付が増えてくるという特徴があるため、団塊の世代が一斉に75歳を超えてくる2025年度に介護保険が制度破たんしてしまうのではないという懸念が強まっているのだ。やはり介護保険制度を中長期で維持していくためには、将来的に介護保険料の引き上げや介護給付の自己負担の引き上げが避けられない情勢となっている。

こうしたことを踏まえると、老後にゆとりのある生活を送っていこうとすれば、理想としては60歳の時点で1億円の資産が欲しいところである。

1億円の資産を退職する前につくるというのは、かなりハードルが高い話であるが、不可能ではない。

1億円まで資産を増やす方法として、多くの人が真っ先に思い浮かべるのは、貯金や節約だが、低金利が続く限り、貯金や節約では資産を増やすのにかなりの時間がかかってしまう。貯金や節約よりも、投資をしたり、資産運用をするほうが、ずっと早く1億円に到達する。例えば、毎月3万円ずつ貯金をして1000万円まで資産を増やすのにかかる時間は27年9カ月だ（普通預金の金利0・001％を前提とした場合）。一方、月3万円の積み立てで資産運用をすれば、20年4カ月で1000万円に到達する（想定利回り3％を前提とした場合）。

また、これまで日本は長い間デフレに苦しんできたが、これからはいよいよ本格的なインフレの時代に突入する可能性が高い。インフレの時代には、タンス預金や銀行の預貯金よりも資産運用のほうがずっと有利になる。

デフレの時代には、資産運用に取り組むことの重要性はそれほど高くなかった。なぜなら、デフレというのは、放っておいてもお金の価値がモノやサービスに比べてどんどん上がっていく現象だからだ。したがって、デフレの時代には、資産運用をせず、現金やタンス預金でそのままお金を持っていても特に問題はなかったのだ。

しかし、インフレの時代は、資産運用をしないと物価高の影響を受けて資産が目減りする可能性が高い。インフレは、デフレとは真逆の現象なので、放っておくとお金の価値がモノやサービスに比べてどんどん下がっていってしまうからだ。このため、インフレの時代には、現金やタンス預金でお金を保有することは得策ではない。

また、銀行の口座にお金を預けておくこともインフレの時代に得策ではなくなる。日本銀行は、日本がインフレになっても、またデフレに逆戻りしたら大変なので、しばらくは様子見で低金利政策を取り続ける可能性が高い。

その場合、銀行預金についてくる利息よりもインフレによる元本の目減りのほうが大きくなってしまう。インフレの時代には、銀行の預金口座にお金を集中させておくことも得策ではないということだ。

## リスク分散の効果が大きいオルタナティブ投資

やはりインフレの時代には、自分が許容できる範囲の中でリスクをとったうえで、自分の保有する資産をできるだけさまざまな金融商品・投資商品に分散して、しかも中長期で運用していくことが重要になってくる。

昔から「財産三分法」という言葉があるが、インフレの時代には自分の資産を、現金・預金、株式、不動産の3つを柱として、できるだけたくさんの金商品・投資商品に分散して運用していくことが、リスクを最小限に抑えてリターンを最大限にするコツになってくるのではないか。

分散投資の重要性をもう少し詳しくみていこう。投資対象が一部の資産に偏っていると、自分の大切な資産がゼロになる可能性がある。例えば、株式投資でひとつの銘柄に全財産を投資している場合、その会社の業績が悪化して倒産してしまったら、一瞬にして全財産を失うことになる。

予測不可能なＶＵＣＡの時代には、先行きを予測することが困難になるので、投資対象を広く分散して、さまざまなリスクから自分の資産を守ることが重要になってくるのだ。

分散投資の観点から最近注目されているのがオルタナティブ資産である。オルタナティブ(alternative)は、「代わりの」・「代替の」という意味の英語で、オルタナティブ資産は、上場株式や債券といった「伝統的資産」と呼ばれるもの以外の新しい投資対象を指す。

代表的なオルタナティブ資産としては、不動産、コモディティ(金・銀などの貴金属、原油や天然ガスなどのエネルギー、小麦・大豆といった農産物など)、仮想通貨(暗号資産)、プライベート・エクイティ(上場していない株式)などが挙げられる。ユニークなオルタナティブ資産としては、絵画やワイン、ウイスキーなどがある。

これらの資産は、伝統的な投資資産である上場株式や債券とは異なる動きをする傾向があるため、リスク分散の効果が大きい。もちろん、上場株式や債券といった伝統的な投資商品だけでもリスク分散は可能だが、オルタナティブ資産まで視野を広げることによって、さらに大きなリスク分散の効果が期待できるようになる。

オルタナティブ資産への投資の成功事例として、よく引き合いに出されるのが米国の名門ハーバード大学の「ハーバード大学基金」の資産運用実績だ。

実際にハーバード大学基金の２０２１年度の資産の内訳をみると、総資産残高５３２億ドルの実に74％がオルタナティブ資産で占められている。基金設立以来の運用成績は、年利11％という圧倒的な高さを誇る。

## 北海道の「ブラックアウト」は一極集中型のエネルギーシステムが原因？

これまで解説してきた資産運用における「分散投資」の考え方は、地域のエネルギーシステムにも当てはめることができる。

２０１８年9月6日午前3時7分、北海道胆振東部で最大震度7の地震が発生した。地震の大きさもさることながら、この地震により北海道全域で２９５万世帯が停電するという、いわゆる「ブラックアウト」が引き起こされた。ブラックアウトの発生は、１９５１年の9電力体制成立以降で初めてのことであり、北海道内の9割で電力の供給が復旧するまでに45時間もかかった。

北海道で起きたブラックアウトについては、当時、テレビや新聞、ネットなどでも大きく取り上げられていたので、記憶に残っている読者も多いことだろう。

では、なぜブラックアウトが発生したのだろうか。最大の要因は、地域のエネルギーシステムが大規模な発電所から一方向的に電力を供給する一極集中型であったということだ。

当時、北海道電力は、石炭火力の苫東厚真発電所（北海道勇払郡厚真町）に発電量を集中させており、この発電所だけで、北海道の電力需要全体の半分近くとなる48％を担っていた。しかし、地震の発生によって震源地の近くにあった苫東厚真発電所の機器の一部が故障し、発電が止まってしまった。

電気は、供給と需要が常に一致していないと周波数が不安定になり、電力の供給を正常に行うことができなくなるといった特性がある。北海道では、需要と供給が一致している場合、50ヘルツという周波数の水準が維持される。

地震の影響により苫東厚真発電所が停止したことで、北海道における電力の供給が需要を大幅に下回り、周波数が不安定になった。その影響を防ぐために安全装置が発動し、故障していない発電所までもが次々と停止、それが広域にわたる大停電へとつながっていったと考えられている。

今回のブラックアウトでは、最初に苫東厚真火力発電所の2号機と4号機が停止した。その後、風力発電所、水力発電所、苫東厚真火力発電所の1号機、他の水力・火力発電所という順番で立て続けに発電所が停止していった。

北海道電力は再発防止のために、泊原子力発電所の再稼働や再生可能エネルギーの大量導入による電源構成の分散化を目指している。

北海道で発生したブラックアウトは地震がきっかけとなったが、台風が原因で大規模停電が引き起こされるケースもある。例えば、2018年9月30日から同年10月6日にかけて大型の台風24号が日本列島を北上したが、中部電力管内5県（愛知、岐阜、三重、静岡、長野）では、台風の影響で延べ119万戸が停電した。強風による飛来物や倒木で、送電線が広い範囲で切れたことが原因とされる。

また、2019年9月9日には、強い勢力の台風15号が千葉県千葉市付近に上陸した。台風上陸に伴う記録的な暴風により、送電線の鉄塔や電柱の倒壊、倒木や飛散物による配電設備の故障などが相次いで、首都圏をはじめとして93万4000戸に及ぶ大規模停電が引き起こされた。

2018年の北海道のブラックアウトや、台風による中部電力管内での大規模停電、2019年の台風による首都圏での大規模停電は対岸の火事ではなく、一極集中型のエネルギーシステムを採用している限り、他の地域でも同様の被害が発生するリスクがある。

ブラックアウトや大規模停電に備えるには、これまでのような一極集中型のエネルギーシステムを見直して、再生可能エネルギーなどを組み込んだ分散型電源のエネルギーシステムに移行していくことが重要になってくる。太陽光発電など地域に分散して存在するエネルギー源を活用することは、地震や台風などＶＵＣＡの時代に頻繁に発生する自然災害などの緊急時のレジリエンス（復元力）強化に貢献してくれる。

これは、地域のエネルギーシステムの話であるが、それだけにとどまらず、日本全体のエネルギー政策を検討するうえでも分散投資の考え方が役に立つ。

## 日本のエネルギー政策にも当てはまる分散投資の考え方

エネルギー資源は、大きく石炭・石油・天然ガスといった化石燃料、太陽光・風力・バイオマス・地熱といった再生可能エネルギー、そして原子力の3つに大別される。

また、エネルギーには「３Ｅ＋Ｓ」を満たすことが求められている。「３Ｅ」というのは、エネルギーの安定供給（Energy Security）、経済効率性（Economic Efficiency）、環境への適応（Environment）のことで、「Ｓ」は安全性（Safety）のことだ。しかし、ひとつのエネルギーだけで「３Ｅ＋Ｓ」のすべての条件を満たすことは難しいことがわかっている。

そこで、日本特有の事情や国際情勢などを踏まえて、さまざまなエネルギー源を組み合わせて総合的に「３Ｅ＋Ｓ」を満たすエネルギー政策をつくることが重要になってくる。こうした

「エネルギー・ミックス」の考え方は、まさに先ほど解説した資産運用における分散投資の手法と同じといえる。

これまでの日本のエネルギー政策は、化石燃料に極端に頼っていたが、化石燃料に依存したエネルギー政策は、エネルギーの安定供給や環境への適応の観点でリスクが大きい。

日本は、国内で消費する化石燃料の大半を海外からの輸入に頼っている。しかも、石油については、中東地域からの輸入割合が約88％と中東依存度が非常に高い。このため、イスラエルとイスラム過激派組織ハマスが戦争状態になるなど中東情勢が不安定化すれば、たちまち石油の安定供給が難しくなるというリスクがある。

また、化石燃料を海外から輸入する場合には、化石燃料の国際価格が上昇したり、外国為替市場で為替レートが円安の方向に傾くと、輸入金額が大きく膨らんで、これが私たち消費者の電気料金に転嫁され、電気料金が値上がりしてしまうといったリスクもある。

世界各国で脱炭素化の動きが広がっているため、将来的には化石燃料の需要が供給を下回り、化石燃料の国際価格は下がっていくことが予想されるが、その時期がくるのはまだずっと先のことだ。

ＩＥＡが２０２３年９月に発表したレポートによると、世界の石油、天然ガス、石炭の需要は２０３０年までは増加を続ける可能性が高いという。

さらに、化石燃料は、$CO_2$をはじめとする温室効果ガスの排出が多いため、環境への適応といった観点でも望ましいエネルギーの条件を満たしていない。

今後のエネルギー政策では、化石燃料の割合をできるだけ引き下げるとともに、化石燃料の調達先の多角化を進めることが重要になってくる。

## 再生可能エネルギーにもリスクがある

では、再生可能エネルギーだけに頼ったエネルギー政策はどうだろうか。再生可能エネルギーは温室効果ガスの排出量がゼロで、環境への適応という面では理想的なエネルギーである。

ただし、再生可能エネルギーのひとつとされる木質バイオマス発電については、多くの科学者がカーボンニュートラルではなく、環境への適応の面でリスクがあると指摘している。

木質バイオマス発電では、燃料が燃焼するときの$CO_2$排出量が化石燃料を使った発電より多くなるうえ、燃料のための森林伐採は多くの炭素を蓄えている森林を破壊することにつながり、脱炭素化には寄与しないというのがその理由だ。

これまで木質バイオマス発電がカーボンニュートラルといわれてきたのは、燃料となる森林は再生してまた炭素を蓄えられるようになるからというロジックだが、それには何十年という時間が必要であり、短期的には化石燃料を使った発電より大気中の$CO_2$を増やす恐れがあるという。

一方、再生可能エネルギーの中で太陽光や風力発電は、季節や天候によって発電量が大きく変動しまうリスクがあり、エネルギーの安定供給という条件を十分には満たしていない。太陽光や風力発電の天候リスクが顕在化して電力の供給が不足する場合に備え、火力発電や揚水発電によるバックアップが行われているのが現状だ。

近年では、逆に再生可能エネルギーの発電量が多すぎてしまうリスクも高まっており、大手電力会社が、再生可能エネルギー事業者に対して一時的に発電の停止を求める出力制御の実施が増えてきている。

電力は、需要と供給のバランスを維持しないと「ブラックアウト」に陥る恐れがあるため、供給（発電量）が多すぎる場合は、大手電力会社が出力を制御することになっている。特に太陽光発電で電力の供給が多すぎてしまうケースが増えている。一般的に春や秋の季節は、冷暖房需要があまりない。とりわけ工場が稼働せずに電力需要が減る土日の昼間に晴れると、太陽光発電で作られた電気が余ってしまう。出力制御が実施されると、それだけ再生可能エネルギーを無駄にしていることになる。

また、太陽光発電については、エネルギーの安定供給の面で非常に脆弱になってきている。

ＩＥＡの分析によると、太陽光パネルの主要な部品であるポリシリコン、インゴット、ウエハー、セル、パネル、モジュールの生産能力の８割超が中国に集中する。ポリシリコン、インゴット、ウエハーについては、近い将来、中国のシェアが95％まで高まると予想している。太陽光パネルのサプライチェーンが特定の地域にこれほど集中してしまうと、予測不可能なＶＵＣＡの時代には、サプライチェーンが寸断された場合のリスクが大きく高まることになる。

さらに、再生可能エネルギーを普及させるために、日本では２０１２年７月からＦＩＴ制度が導入されている。これは、太陽光、地熱、水力、風力、バイオマスで発電した電力を一定期間、固定価格で電力会社が買い取ることを義務づけた制度のことだ。

そして、電力会社が買い取る費用の一部を、電気を使用している各家庭から再生可能エネルギー発電促進賦課金を回収することで支えられている。賦課金は、ＦＩＴ制度を導入した初年度（２０１２年度）には標準世帯（１カ月の電力使用量が３００キロワット時〈月７６００円程度〉の家庭を想定）で月66円であったが、２０２２年度には標準世帯で月１０３５円と、10年間で16倍に膨らんだ（図５－３）。消費者の賦課金の負担は大きなものになっており、経済効率性の面でも問題がある。

ドイツでは、再生可能エネルギーの賦課金の増加により、家庭の電気料金が世界一高くなってしまった。電力コストが上がると社会的にさまざまな影響が出てくる。もし、日本の電力コ

図5－3　標準世帯の再生可能エネルギー発電促進賦課金の推移

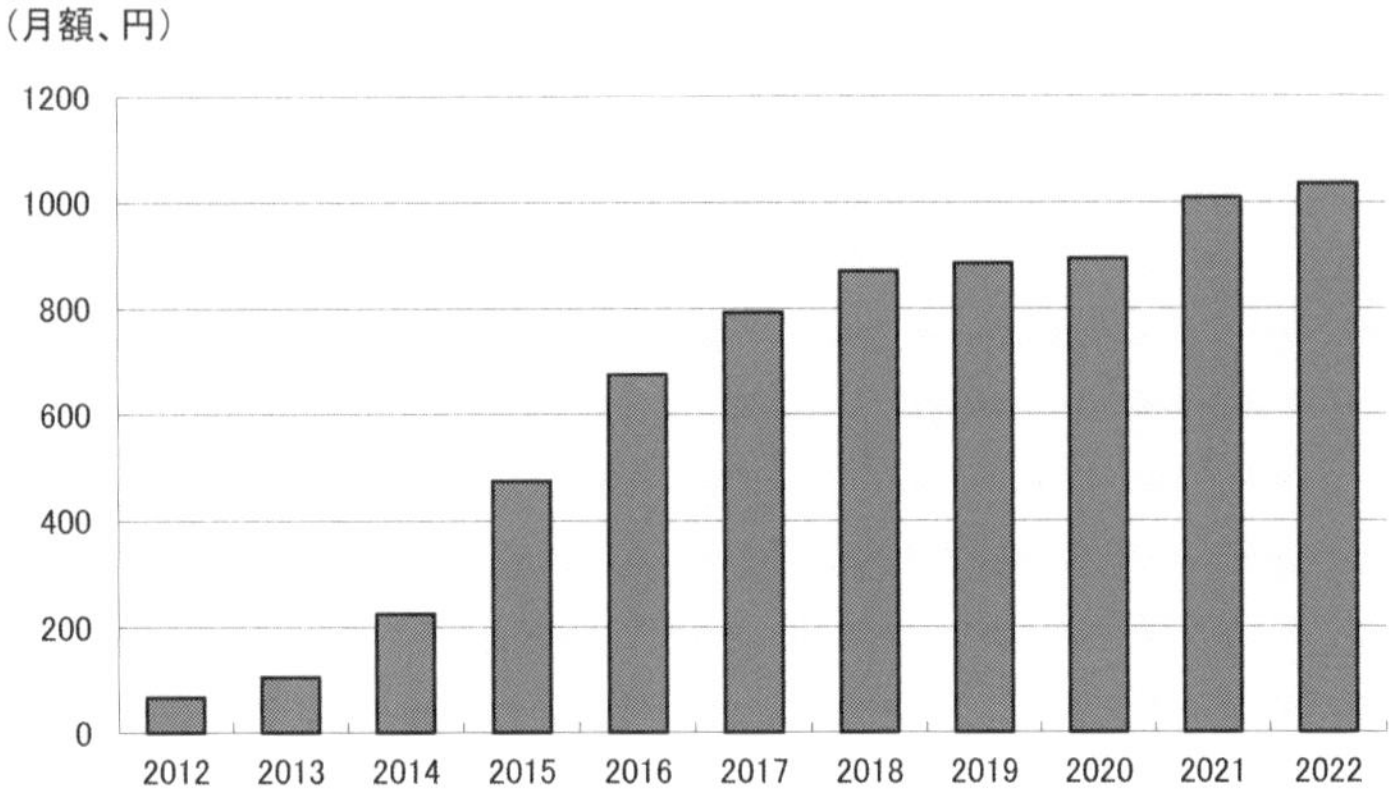


出所：経済産業省資料を基に筆者作成
(注)標準世帯は1カ月の電力使用量が300kWhの家庭

ストが高くなれば、製造業を中心に海外に企業が出ていってしまう。海外の企業も日本に進出してこなくなり、(私たちの時代は大丈夫かもしれないが)子供の世代、孫の世代の雇用が失われる可能性もある。

一方、原子力発電については、エネルギーの安定供給、経済効率性、環境への適応という条件をクリアするが、事故が起きれば放射性物質が飛散してしまうなど安全性の部分で不安が残る。

福島第一原子力発電所事故を教訓に新しい規制基準を設け、1基あたり数千億円の費用をかけて安全対策を徹底してはいるが、どれだけ巨額の費用をかけてもリスクをゼロにすることはできない。リスクをゼロに限りなく近づければ、そのためにかかる費用は指数関数的に膨らんでしまい、原子力発電所の費用対効果がどんどん悪化していくことになる。

また、原子力発電所の運転に伴って増加していく放射性廃棄物を長期にわたって管理するという重大な課題を子孫に遺すといった問題もある。

やはり日本のエネルギー政策を考える場合には、資産運用における分散投資の考え方に基づいて、どれかひとつのエネルギーに頼るのではなく、それぞれのエネルギーのメリット・デメリットをよく吟味して複合的に組み合わせ、家庭の電気料金を最小に抑え、エネルギーの安定供給が確保され、さらに地球環境保護につながって、安全性も確保される最適な「エネルギー・ミックス」を構築していくことが重要になってくるだろう。

# 第6章

# 日本のグリーントランスフォーメーション（GX）戦略

## 2050年までに脱炭素社会の実現を目指す

最後の第6章では、日本政府が提唱・推進する「グリーントランスフォーメーション（GX）」の詳細を解説しながら、その実現可能性と解決すべき課題について検討していく。

これまで述べてきたとおり、$CO_2$をはじめとする温室効果ガスの排出拡大により地球温暖化が進んでいる。英国の業界団体エナジー・インスティチュート（EI）のデータによると、1980年から2022年までに全世界のエネルギー関連の$CO_2$排出量は約1・9倍に増加した（図6-1）。

世界規模で温室効果ガスの削減が求められるなか、2016年11月には温暖化対策の国際的な枠組みとなる「パリ協定」が発効した。パリ協定のもと、各締約国では国を挙げた低炭素化の政策が強力に推し進められている。

欧州委員会は、2050年までに温室効果ガス排出を実質ゼロにするために、今後10年間で官民合わせて1兆ユーロ（日本円で約140兆円）を投資する「欧州グリーンディール投資計画」を発表した。

一方、米国のバイデン大統領は2021年11月、超党派による「インフラ投資・雇用法」を成立させた。インフラ投資・雇用法では、総額1兆2000億ドル（約163兆円）の投資に

図6－1　全世界の$CO_2$排出量

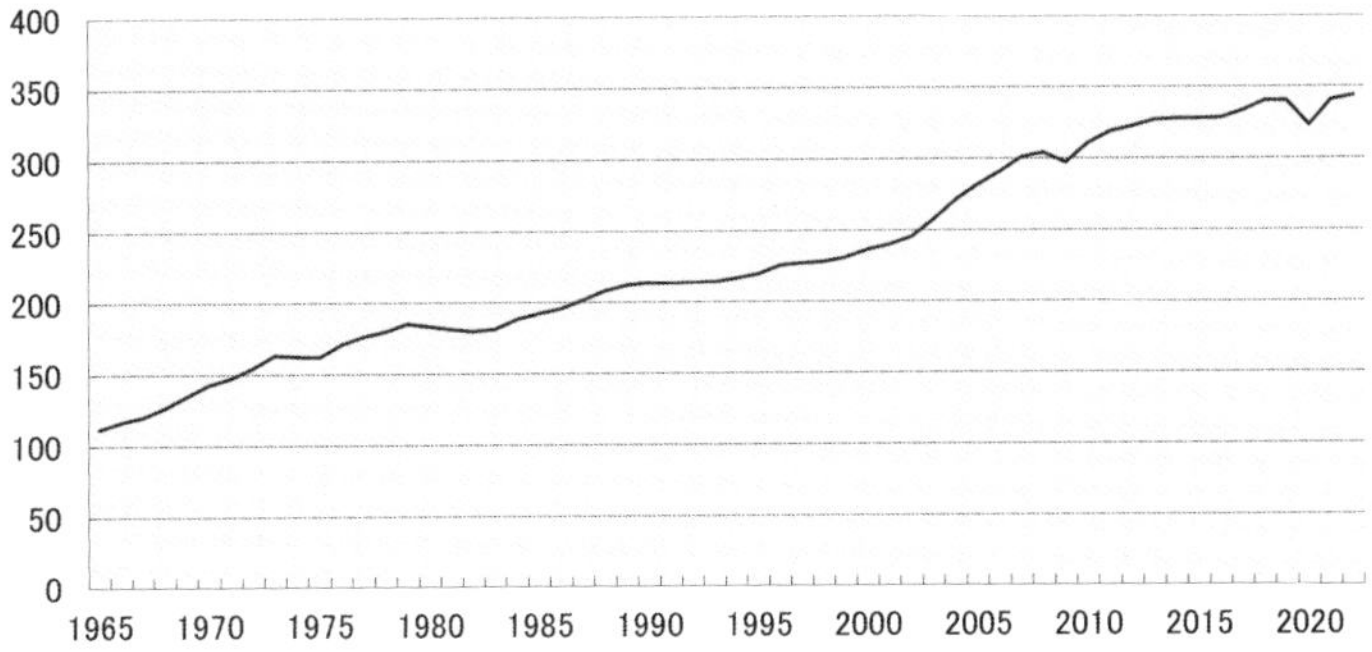

出所：EI資料を基に筆者作成

より、インフラの整備やクリーンエネルギーの未来に向けた開発・整備が行われる。クリーンエネルギーの分野では、ＥＶの充電設備の拡充などが計画されている。

さらにバイデン大統領は、２０２２年８月、「インフレ抑制法」を成立させ、今後10年間で３６９０億ドル（約50兆円）の投資を行うことを決定した。インフレ抑制法の予算の４割強に当たる１６０３億ドルがクリーンエネルギーの分野に充てられる。

日本政府も２０２０年10月、「２０５０年までに温室効果ガスの排出を全体としてゼロにする」というカーボンニュートラルを目指すことを宣言した。

また、２０２１年４月の地球温暖化対策推進本部および米国主催の気候サミットでは、菅義偉首相（当時）が「２０５０年の目標と整合的で、野心的な目標として２０３０年度に、温室効果ガスを２０

13年対比で46％削減することを目指す。さらに50％の高みに向けて、挑戦を続けていく」と表明した。

さらに2022年7月には、経済産業省が「GX」を提唱する。GXとは、温室効果ガスを発生させる化石燃料から再生可能エネルギーなどのクリーンなエネルギーへと転換し、経済社会システム全体を変革しようという取り組みを指す。

これまでは、地球温暖化への対応を、経済成長の制約やコストとしてとらえてきた。GXは、こうした従来の発想を転換し、地球温暖化への対応を技術革新や投資の増加など成長機会としてとらえたところに特徴がある。

経済産業省の試算によると、GX戦略を推進することによって、エネルギー関連産業、輸送・製造関連産業、家庭・オフィス関連産業などが飛躍的な成長を遂げて、2050年には約290兆円の経済効果が見込まれ、約1800万人の雇用創出効果が期待できるという（経済産業省『カーボンニュートラルに伴うグリーン成長戦略』）。

2023年度からは、政府のGX投資に充当される「GX経済移行債」が発行されることになった。政府は、2050年までにカーボンニュートラルを実現するためには官民合わせて150兆円の投資が必要とみており、このうち国の投資分に当たる20兆円をGX経済移行債によって調達する計画だ。国は、GX経済移行債で調達した20兆円を民間企業が投資に踏み切ることが難しい革新的技術に投資していく。具体的には、「水素・アンモニア混焼の供給網の整備（約7兆円）」、「$CO_2$回収・貯留（CCS）や$CO_2$回収・有効利用・貯留（CCUS）〈約4兆円〉」、「次世代革新炉（約1兆円）」などだ。

## 次世代のクリーンエネルギーとして注目される水素

GXの提唱に先立って2021年に政府が公表した「第6次エネルギー基本計画」によって電力部門の脱炭素化についてみると、洋上風力などの再生可能エネルギーが発電量に占める割合を2021年度の22・5％から2050年に50～60％に引き上げることを目指す（表6-1）。また、水素・アンモニア発電を10％、原子力と$CO_2$の回収を前提とした火力発電を合わせて30～40％にする。

この計画では、2050年の電源構成のひとつとして、初めて水素・アンモニア発電が組み込まれた。

2050年の電源構成に水素・アンモニア発電が組み込まれた背景には、再生可能エネルギーや原子力発電だけでは2050年までに脱炭素化を実現することが難しいという事情があった。

表6−1　日本の電源構成の見通し

| | 2021年度 | 2030年度 |
|---|---|---|
| 化石燃料 | 70.9% | 41% |
| 再生可能エネルギー | 22.5% | 36〜38% |
| 原子力発電 | 6.6% | 20〜22% |

| | 2050年度 |
|---|---|
| 水素・アンモニア発電 | 10% |
| 再生可能エネルギー | 50〜60% |
| 原子力発電＋$CO_2$回収前提の火力発電 | 30〜40% |

出所：経済産業省資源エネルギー庁『第６次エネルギー基本計画』を基に筆者作成
(注)2021年度は実績

火力発電は、燃料さえ投下すれば必ず発電できるという特性があるので、火力発電から脱却するのではなく、既存の火力発電設備を有効活用しながら脱炭素化をどう進めるかが課題となり、その解決策のひとつが水素・アンモニア発電であった。

水素やアンモニアは、石炭・石油・天然ガスといった化石燃料とは違って、産出が特定地域に偏っていないため、安定したサプライチェーンを構築できるといったメリットがある。

産出が特定地域に偏る化石燃料は、サプライチェーンが不安定であるため、地政学的なリスクが顕在化した場合には価格が高騰しやすいが、水素やアンモニアは、サプライチェーンが安定しているので、価格も安定しやすい。技術開発によって低コスト化を実現できれば、安価な水素やアンモニアを大量に供給することが可能になる。

そこで、まず水素発電からみていこう。水素火力発電は、水素を燃料にした火力発電のことだ。水素は燃焼する際、空気中の酸素と結合して水になる。化石燃料と違って水素は炭素を含まないため、燃やしてもＣＯ２が出ない。このため、火力発電でもＣＯ２排出ゼロを実現できる次世代クリーンエネルギーとして注目されている。

水素火力発電の仕組みは、次のとおりだ。水素を燃焼器で燃やすことで高温の燃焼ガスを発生させ、それによってガスタービンを回す。この回転力で発電機を駆動させて発電する。

基本的には、天然ガス火力発電や石炭火力発電と同じ仕組みとなっており、燃料が石炭や天然ガスから水素に代わっただけだ。このため既存の火力発電設備を改良して使うことができるというメリットがある。

また、再生可能エネルギーは、天候などの影響を受けて発電量が安定しないというデメリットがあるが、水素は、貯蔵することができるため、発電量を調整することが可能だ。

ただ、水素火力発電を実用化するうえでは、解決すべき課題も山積している。一番の問題は、大量の水素を安価な価格で利用できる状況になっていないことだ。

水素は、燃焼する際には$CO_2$を排出しないが、そのほとんどが化石燃料から生成される「グレー水素」であり、水素の製造過程で$CO_2$が出てしまうと、水素火力発電を増やしても意味がなくなってしまう。

これに対し、製造過程における$CO_2$排出を低減した「クリーン水素」の製造・供給が進められている。ここで、クリーン水素は、「ブルー水素」と「グリーン水素」を合わせたものである。ブルー水素は、グレー水素の生成過程で排出した温室効果ガスを回収して地中に埋めるなど、排出を抑える工夫をしたものを指す。グリーン水素は、再生可能エネルギーを使って生成したものだ。

ただし、グリーン水素は、既存燃料と比較して製造コストが高くなってしまい、これがクリーン水素普及・拡大に向けた課題となっている。IEAの『Global Hydrogen Review 2021』によると、水素2キログラムをつくるのにかかるコストは、グレー水素が0・5～1・7ドルであるのに対してブルー水素は1～2ドル、グリーン水素は3～8ドルまで上がってしまう。

脱炭素社会に向けては、クリーン水素を競争力のある価格で安定供給することが必要とされている。

## ガスのカーボンニュートラルを実現する「メタネーション」

水素を活用した「メタネーション」の技術も次世代のクリーンエネルギーのひとつとして位置づけられており、今後の成長が期待されている。

メタネーションというのは、水素とC$O_2$を化学反応させて、都市ガスの主成分であるメタンを合成する技術のことだ。

製造時の原料として、排気ガスなどから回収したC$O_2$を使うため、実質的に大気中のCO

$CO_2$が増えることがない。また、メタネーションに使用する原料の水素を再生可能エネルギーで製造するのであれば、カーボンニュートラルなエネルギーとなる。

メタネーションを普及させるために新規の社会インフラを整備するには莫大な投資が必要になるが、都市ガスの原料である天然ガスの主成分はメタンであるため、これをメタネーションによる合成メタンに置き換えても、都市ガス導管やガス消費機器など既存のインフラ・設備をそのまま利用できるといった経済的なメリットもある。

現状は、実証試験の段階で、東京ガスが2021年度から同社の横浜テクノステーション（神奈川県横浜市鶴見区）で、メタネーションの実証実験を開始した。

経済産業省では、2023年までにメタネーションの利用を開始することを目指している。同年時点で既存インフラに合成メタンを1％注入する（年間28万トン）。2050年には90％（年間2500万トン）を合成メタンに置き換えるという目標を掲げている。

メタネーションの技術も現状では高コストだが、技術開発によってメタン合成の効率化や合成したメタンの低コスト化を進めて、2050年時点で現在のLNGと同水準までコストを引き下げることを目指す。

## 次世代のクリーンエネルギーとして注目されるアンモニア

続いて、アンモニア発電についてみていこう。アンモニア火力発電というのは、その名のとおり、アンモニアを燃料とした火力発電のことだ。

水素と同様、アンモニアについても燃焼させたときに$CO_2$を排出しないため、クリーンな次世代エネルギーとして注目されている。

経済産業省の試算によると、従来型の天然ガス火力発電を低価格化が実現したアンモニア火力発電に切り替えることで、家庭の電気料金に換算して年間約８６００円相当の支出抑制効果を発揮するという。

必要となるアンモニア燃料の調達量や調達コストの関係から、２０３０年までの短期目標として、石炭火力への20％混焼の導入・普及を目指す。日本の大手電力会社が運転するすべての石炭火力発電について、20％アンモニア混焼が実現した場合、約４０００万トンの$CO_2$が削減できる。

混焼の場合、既存の火力発電設備の中に化石燃料とアンモニア燃料を一緒に投入できるので、専用の火力発電設備を新設する必要がないというメリットがある。現在は、石炭火力への20％混焼の実証実験が進められているところだ。

長期目標としては、2050年までに混焼率の向上（50％）やアンモニア燃料のみで発電を行う専焼を目指す。日本の大手電力会社が運転するすべての石炭火力発電をアンモニア専焼に切り替えた場合、約2億トンの$CO_2$を削減できるという。

ただ、アンモニア火力発電を普及させていくには、解決しなければならない課題も山積している。

最大の課題は、アンモニア燃料をどのように調達するかだ。アンモニア火力発電を実現するには、大量のアンモニア燃料が必要になるが、現在の市場では、それだけのアンモニアが生産されていない。

現在、世界で生産されているアンモニアの用途の8割が肥料用で、残りの2割が工業用となっている。ここから火力発電の燃料用にアンモニアを大量調達すれば、需給バランスが崩れて、アンモニアの価格が高騰してしまう恐れがある。まずは、アンモニアの供給体制を整えることが先決だろう。

## $CO_2$を回収して地下に貯留するCCSの技術

このように、水素やアンモニアの活用によって$CO_2$の排出削減を進めても、水素やアンモニアの製造工程で$CO_2$が発生してしまうなど、$CO_2$の発生を完全にゼロにするのは難しい。そこで最終的な手段として、排出された$CO_2$を回収してこれを地下貯留することで実質ゼロを目指すことが必要になってくる。$CO_2$を回収して貯蔵する技術は、「CCS（Carbon dioxide Capture and Storage)」と呼ばれている。

具体的には、$CO_2$を貯留する隙間のある地層（貯留層）まで井戸を掘って気体のままCO2を封入する。その際、$CO_2$を封じ込める貯留層の上には$CO_2$を通さない地層（遮へい層）がなくてはならない。この遮へい層がフタの役目をする。

国連の気候変動に関する政府間パネル（IPCC）によると、遮へい層と貯留層のある適切な地層を選び、適正な管理を行うことができれば、貯留した$CO_2$を1000年もの間、封じ込めることが可能であるとされている。

CCSは高コストだが、経済産業省は2050年の時点で年1・2億〜2・4億トンの貯留量になることを想定している。ちなみに2・4億トンの$CO_2$を貯留する場合、現在の技術を前提にすると2・4兆円の費用がかかるといわれる。経済産業省は、実用的な技術の研究・開発によってCCSのコストを現在の半分以下にすることを目標にしている。

現在は、CCSの実用化に向けて実証実験を行っている段階だ。2012年には、経済産業省が北海道苫小牧市の沿岸部にプラントを建設して、日本初となるCCSの大規模な実証実験が行われた。実証実験に同市が選ばれたのは、$CO_2$を貯留するのに適した地層であったこと、また、その地層に関するデータも豊富にあったこと、さらに、近隣に工場や発電所など$CO_2$の排出源があったことなどの理由が挙げられる。

この実証実験では、２０１６年から２０１９年の期間に海底下の地中に目標の累計圧入量30万トンの$CO_2$の貯留を達成した。

このように排出された$CO_2$を地中に貯留するのがＣＣＳだが、そこからさらに一歩踏み込んで、排出された$CO_2$を集めて何かに役立てようというのが「ＣＣＵＳ（Carbon dioxide Capture, Utilization and Storage）」である。例えば、米国では、古い油田に$CO_2$を注入して石油を押し出して増産するという形で$CO_2$を活用している。

日本でもＣＣＵＳにおける$CO_2$の利用先が研究されており、化学原料の生産やバイオ燃料に使用することなどが検討されている。

## 安全性の高い次世代革新炉

原子力発電については、原子炉の安全性の確保が最大の課題となるが、この課題を解決するために次世代革新炉の導入が検討されている。

経済産業省は、次世代革新炉として5種類のタイプを挙げている。

1つ目のタイプは「革新軽水炉」だ。これは、すでに普及している軽水炉型の原子力発電所をベースに新しい技術を導入して安全性を高めたタイプで、事故時に「メルトダウン（核燃料が溶けること）」があっても、それを受け止めて放射性物質を外部に漏らさない設備などを備える。既存の原子力発電所をベースにしているので開発・建設が早く、2030年代に普及するのはこのタイプになるといわれている。

2つ目のタイプは「SMR」だ。これは、出力が30万キロワット以下の小型モジュール炉で、このタイプも注目度が高い。工場で量産すれば工期や建設費を大幅に削減できる。

3つ目のタイプは「高温ガス炉（HTGR）」で、こちらは安全性が非常に高いが、燃料が再処理に向いていないため、核燃料サイクルとの整合性が課題となっている。

4つ目のタイプは「高速炉」で、こちらは発生する核のゴミが少なく、最終処分量が減るというメリットがあるが、莫大な研究開発費がかかるためコスト面から実現性は低い。

日本は、国際連携を活用することで開発費用を抑制しつつ高速炉の実用化を進める方針で、2040年代に「実証炉」の運転を開始する目標を掲げている。2023年10月末に日本原子力研究開発機構（JAEA）や三菱重工業などが、ビル・ゲイツが会長を務める米国の原子力エネルギー開発会社テラパワーと、高速炉の開発で連携を強化すると発表した。テラパワーの開発が先行しているので、テラパワーから技術やノウハウの支援を受ける。

そして最後に5つ目のタイプは「核融合炉」だ。こちらは、燃料に海水などに含まれる水素を使うとされており、核融合で発生するのはヘリウムになるため、核のゴミが発生しない。ただ、超高温・超真空という特殊な環境が必要となるため、実証実験の段階から莫大なコストがかかってしまうというデメリットがある。核融合炉の実用化については、日本を含む各国が資金を出しあってイーター（ＩＴＥＲ）という実験炉を南フランスのサン・ポール・レ・デュランスに建設中で、２０３５年12月の運転開始を目指す。

## ＥＶ普及のカギを握る販売価格の引き下げ

一方、自動車分野については、２０３５年までに軽自動車を含む乗用車の新車販売をすべて電動車にするという方針が示されている。電動車には、ＥＶ、ＦＣＶ、ＨＶが含まれる。ただ、ＥＶやＦＣＶの価格を一般家庭の手に届くレベルまで引き下げないと、この目標の達成は難しいだろう。

駐車場運営などを手がけるパーク24が２０２１年２月に車のドライバーを対象に実施したアンケート調査によると、過半のドライバーがＥＶの価格が「２００万円以下」なら購入を検討することがわかった。

ただ、現在国内で販売されているEVの価格は400万円前後となっており、国や自治体は補助金の交付や税優遇制度などを設けているものの、購入を検討できる価格と実際の販売価格にはかなりの開きがある。

また、FCVについても、例えば、トヨタ自動車の「MIRAI」の販売価格は1台710万円（税込み）、本田技研工業の「クラリティ FUEL CEL」の販売価格が約780万円（税込み）といずれもかなりの高額となっている。

FCVの場合には、さらに燃料の供給基地となる「水素ステーション」を各地に増やす必要もあるだろう。

全国の水素ステーションの数は建設コストが高いということもあって、2023年1月時点で163基にとどまる。

水素ステーションの建設コストは、現状1基で約5億円とされており、ガソリンスタンド（1基の建設コストは1億～2億円）に比べてかなり割高となっている。政府は、2030年までに水素ステーションを全国で1000基配備するという計画を打ち出しているが、量産化・標準化の効果によって1基あたりの建設コストがガソリンスタンドの建設コストに近づいてくるのは、水素ステーションの数が1万カ所まで増えたときになるといわれる。

このように２０３０年代半ばまでに新車販売をすべて電動自動車に切り替えるには、価格やコストの引き下げが不可欠であり、そのためには、初期需要を喚起する政策サポートが必要となる。

米国では、２０２２年に成立した「インフレ抑制法」でＥＶ購入に補助金をつけたところ、ＥＶの販売台数が大幅に拡大した。ＩＥＡの統計によると、米国の２０２２年の新車販売台数におけるＥＶの比率は約８％となり、２０２１年の４・５％から大きく高まった。

日本もＥＶの普及を早めるために規制緩和や財政面からの支援など、政府や地方自治体による積極的なサポートが期待されるところだ。

## 個別企業もＧＸ推進でメリットを享受

ＧＸは国の重要政策となっているが、個別の企業にとってもＧＸを推進することの意義は大きい。

まず、大企業の場合には「ＧＸリーグ」に参加することでさまざまなメリットを享受できる。ＧＸリーグというのは、ＧＸに挑戦して持続的な成長を目指す企業群が官・学と協働する場を指す。経済産業省が２０２２年２月に「ＧＸリーグ構想」を公表し、この構想の示す方向性に賛同する企業を募った。

２０２３年６月末時点で、トヨタ自動車やパナソニック、オムロン、ＮＴＴ、ソフトバンク、戸田建設、東レ、ＴＯＴＯ、ダイキン工業などさまざまな業種から５６６社の賛同企業が参画している。

ＧＸリーグに参加するメリットとしては、温室効果ガス削減の効果的な対外アピールにつながるということがある。また、ＧＸリーグでは、カーボンクレジット市場を通じて企業間の自主的な排出量取引が行われる予定となっており、自社での排出削減が難しい場合には、カーボンクレジット市場で削減量をカバーできるといったメリットもある。

中小企業の場合はどうだろうか。エネルギー価格の高騰で光熱費負担が重くのしかかるなか、中小企業にとってもＧＸを推進することの重要性は高まっている。

ＧＸを進めることでコスト削減が実現するほか、ＧＸの推進によって企業イメージやブランドイメージのアップ、認知度の高まりといった副次的なメリットも出てくる。また、一般的な傾向として、地球温暖化対策や環境保全に取り組んでいる企業は、就職活動の学生や転職活用をしている求職者からも好意的な印象を持たれるので、人材獲得に有利に働いて人手不足の解消につながるといったメリットもあるだろう。

では、中小企業がＧＸによってエネルギーコストを削減しようとする場合、具体的にどのあたりのコストをカットすればよいのだろうか。中小企業にとって、光熱費の中でも特に大きなウエイトを占めているのが「照明費用」と「空調費用」だ。

業種別に照明費用が全電気代に占める割合をみると、オフィスビルが24%、医療機関・介護施設が37%、飲食店が29%、食品スーパーが24%、ホテル・旅館が31%、製造業が8%となっている。

また、業種別に空調費用が全電気代に占める割合をみると、オフィスビルが48%、医療機関・介護施設が38%、飲食店が46%、食品スーパーが25%、ホテル・旅館が26%、製造業が9%となっている。

製造業については、生産設備が電気代の中で最も高い割合（83%）となっているが、生産設備の買い替えにはかなりのコストがかかってしまう。やはり、照明を発光ダイオード（LED）化したり、老朽化した空調機を最新のものに更新するといった措置のほうが効率的だろう。

中小企業にとっては、照明のLED化や老朽化した空調機の更新であっても、かなりのコスト負担となってしまうが、公的予算による補助を活用すれば、コスト負担を軽減することができる。

GXは、重点投資分野のひとつに位置づけられているので、企業がGXに取り組む際に活用できる補助金も充実している。例えば、各地方自治体が「中小事業者等グリーントランスフォーメーション支援事業」を展開しており、照明をＬＥＤ化したり、老朽化した空調機を更新した中小企業に対して補助金・助成金が支給されるようになっている。こうした制度を積極的に活用していくことが重要だろう。

# おわりに

ロシアのウクライナへの軍事侵攻やイスラエルと（パレスチナのガザ地区を実効支配する）イスラム過激派組織ハマスの衝突など、予測不能で先行きを見通すことが難しいＶＵＣＡの事象が、国際社会で頻繁に発生するようになっている。

今後も数十年に一度、数百年に一度しか起きないような出来事が頻繁に起きることが予想される。

こうした国際情勢の変化を踏まえると、これまでの日本のように発電のための化石燃料を海外から調達するエネルギー政策は、エネルギー安全保障の観点から非常にリスクの高いものとなってくる。日本の場合、原油のほとんどを中東からの輸入に頼っているため、中東情勢が悪化すれば、原油の安定供給が難しくなり、ガソリン代の高騰などに見舞われやすい。

１９９０年代後半以降、国際社会では、もっぱら地球温暖化対策として脱炭素化が呼びかけられていたが、ＶＵＣＡの時代には、エネルギー安全保障の観点からも脱炭素化を加速させていくことの重要性が高まっている。

すでに脱炭素化への取り組みは世界の共通認識になっているが、第４章で概観したとおり、カーボンニュートラルを実現するためのエネルギー政策の方向性は、大きく2つのパターンに分けることができる。

1つ目のパターンは、安全性の観点から原子力発電という選択肢を排除したうえ、再生可能エネルギーだけで将来のカーボンニュートラルを実現していくというもので、ドイツやイタリア、オーストリア、スイス、デンマークなどがこのようなエネルギー政策を採用している。

2つ目のパターンは、技術的に可能なあらゆる選択肢を排除することなく、化石燃料の代替エネルギーとして再生可能エネルギーと原子力発電を組み合わせて、将来のカーボンニュートラルを実現しようというもので、米国や英国、フランス、カナダ、オランダ、スウェーデン、中国、日本、韓国、トルコなどがこのようなエネルギー政策を採用している。

各国のエネルギー政策のこれまでの経過をみれば、「脱炭素」と「脱原発」の二兎を追うことが不可能なのは明白だ。

例えば、脱原発を決めたドイツでは、再生可能エネルギーの導入を加速させたが、それによって一般家庭や企業の電気料金が高騰するようになり、今度は電気料金を抑えるために、安価な石炭火力発電所を使うという脱炭素化に逆行するような動きが出てきている。

脱炭素、エネルギーコストの抑制、エネルギー安全保障の強化を同時に実現するには、再生可能エネルギーと安全性が確認された原子力発電所の組み合わせがベストな方策になるのではないか。

原子力発電については、再稼働に対する人々の拒否反応が依然として大きい。福島第一原子力発電所事故が発生したことで、人々は原子力発電に対して100％の安全性を求めるようになってしまった。しかし、現実の世の中に100％の安全はない。どのように費用をかけてもリスクをゼロにすることは不可能なのだ。

逆に最近では、原子力発電所の稼働停止によって、新たなリスクが生み出されている。原子力発電の代替エネルギーとして火力発電への依存度が高まったので、輸入燃料費の値上がりで一般家庭の電気料金が高騰するようになった。このため、電気代を抑制するために節電に励む世帯が増え、エアコンをつけなかった高齢者が熱中症で命を落とすようなケースも出てくるようになった。

原子力発電のこれからの方向性を考えるうえで再稼働させるリスクだけではなく、原子力発電所の稼働を全面的に停止することのリスクについても十分に考慮する必要があるだろう。

日本政府は、2023年2月に閣議決定された『GX実現に向けた基本方針』で、原子力発電所の新増設や60年超の運転を可能にすることを決め、関連する法律の改正も行った。日本の原発政策は福島第一原子力発電所事故前に戻ったわけだが、この政策転換によって、初めて脱炭素とエネルギーコストの抑制、エネルギー安全保障の3つの目標の同時達成が視野に入ってきたといえるだろう。

最後に、本書の執筆にあたっては、エネルギーフォーラムの山田衆三さんに大変お世話になった。記して感謝したい。

２０２３年11月吉日
門倉貴史

## 参考文献


**『エネルギー危機の深層――ロシア・ウクライナ戦争と石油ガス資源の未来』**
原田大輔著、ちくま新書、2023年9月

**『最新図説　脱炭素の論点　2023-2024』**
共生エネルギー社会実装研究所、堀尾正靭、秋澤淳、歌川学、重藤さわ子編著、旬報社、2023年5月

**『世界資源エネルギー入門：主要国の基本戦略と未来地図』**
平田竹男著、東洋経済新報社、2023年4月

**『メタネーション　都市ガスカーボンニュートラル化の切り札』**
秋元圭吾、橘川武郎、エネルギー総合工学研究所、日本ガス協会共著、エネルギーフォーラム、2022年7月

**『間違いだらけのエネルギー問題』**
山本隆三著、ウェッジ、2022年6月

**『カーボンニュートラル実行戦略：電化と水素、アンモニア』**
戸田直樹、矢田部隆志、塩沢文朗共著、エネルギーフォーラム、2021年3月

**『VUCA　変化の時代を生き抜く7つの条件』**
柴田彰、岡部雅仁、加藤守和共著、日本経済新聞出版、2019年11月

**『エネルギー400年史：薪から石炭、石油、原子力、再生可能エネルギーまで』**
リチャード・ローズ著／秋山勝訳、草思社、2019年7月

**『平成30年北海道胆振東部地震に伴う大規模停電に関する検証委員会最終報告』**
平成30年北海道胆振東部地震に伴う大規模停電に関する検証委員会、2018年12月

〈著者紹介〉

**門倉貴史** かどくら・たかし
エコノミスト・BRICs経済研究所代表

1971年神奈川県生まれ。1995年慶応義塾大学経済学部卒業、同年銀行系シンクタンク入社。1999年日本経済研究センター出向、2000年シンガポールの東南アジア研究所出向。2002年から2005年まで生保系シンクタンク経済調査部主任エコノミストを経て現職。同研究所の活動のほか、フジテレビ『ホンマでっか!? TV』、読売テレビ『クギズケ！』、テレビ朝日『ビートたけしのTVタックル』など各種メディアにも出演中。また、雑誌・WEBでの連載や各種の講演も精力的に行っている。さらに、『図説BRICs経済』(日本経済新聞出版)、『増税なしで財政再建するたった一つの方法』(角川書店)、『日本の「地下経済」最新白書』(SB新書)など著書も多数。

**VUCA時代のエネルギー戦略**

2024年1月28日第一刷発行

著　者　門倉貴史
発行者　志賀正利
発行所　株式会社エネルギーフォーラム
〒104-0061 東京都中央区銀座5-13-3 電話 03-5565-3500
印刷・製本　中央精版印刷株式会社
ブックデザイン　エネルギーフォーラム デザイン室


ISBN978-4-88555-539-8